Canan Topçu

EinBÜRGERung

»Deutscher ist, wer die deutsche Staatsangehörigkeit besitzt... Die Staatsangehörigkeit wird erworben für einen Ausländer durch Einbürgerung.« So will es das deutsche Staatsangehörigkeitsgesetz, das die juristischen Voraussetzungen für den formalen Akt der Einbürgerung regelt.

Canan Topçu spürt den vielfältigen Motivationen von Menschen nach, den deutschen Pass zu beantragen oder ihren alten zu behalten. Sie hat die prominenten Politiker Cem Özdemir, Wolfgang Bosbach und Sebastian Edathy über ihr Deutsch-Sein und ihr Deutsch-Werden befragt. Zu Wort kommen Sozialwissenschaftler, Migrationsexperten und ein Beamter, der für Einbürgerung zuständig ist. Zudem liefert Topçu Faktenwissen, gibt einen aktuellen Stand zur Debatte über das Einbürgerungsrecht und wirft einen Blick auf einige europäische Nachbarstaaten.

Die Autorin:
Canan Topçu, geboren 1965 in Bursa/Türkei, seit 1973 in Deutschland. Schulbesuch und Abitur in Hannover. Anschließend Magisterstudium der Literaturwissenschaft und Geschichte an der Universität Hannover, Volontariat bei der Hannoversche Allgemeine Zeitung. Seit 1999 Redakteurin der Frankfurter Rundschau.

Canan Topçu

EinBÜRGERung

Lesebuch
über das Deutsch-Werden

Portraits
Interviews
Fakten

Brandes & Apsel

Sie finden unser Gesamtverzeichnis mit aktuellen Informationen im Internet
unter: *www.brandes-apsel-verlag.de*
Wenn Sie unser Gesamtverzeichnis in gedruckter Form wünschen, senden
Sie uns eine E-Mail an: *info@brandes-apsel-verlag.de* oder eine Postkarte
an: *Brandes & Apsel Verlag, Scheidswaldstr. 22, 60385 Frankfurt a. M.,
Germany*

1. Auflage 2007
© Brandes & Apsel Verlag GmbH, Frankfurt a. M.
Lektorat: Cornelia Wilß unter Mitarbeit von Josefine Schubert, Brandes &
Apsel Verlag, Frankfurt a. M.
Umschlagsidee und -gestaltung: Antje Tauchmann, Frankfurt a. M.
DTP: Franziska Gumprecht, Brandes & Apsel Verlag, Frankfurt a. M.
Druck: Impress, d.d., Printed in Slovenia
Gedruckt auf säurefreiem, alterungsbeständigem und chlorfrei gebleichtem
Papier.

Bibliografische Information Der Deutschen Nationalbibliothek:
Die Deutsche Nationalbibliothek verzeichnet diese Publikation in der
Deutschen Nationalbibliografie; detaillierte bibliografische
Daten sind im Internet über http://dnb.ddb.de abrufbar.

ISBN 978-3-86099-726-0

Inhalt

Für meine Schwestern Evşen und Nezahat

Mein Dank gilt Uli - für seine große Geduld.
Birgit Buchner danke ich ganz besonders für die anregenden Gespräche,
ermutigenden Kommentare und vor allem für die kritischen Anmerkungen.
Sie hat meine »Deutsch-Werdung« und das Entstehen dieses Buches herz-
lich und engagiert begleitet.
Michaela Schlichting danke ich für ihren kreativen Einsatz.

Vorwort

Ende März 2007 hat das Bundeskabinett – nach langem Streit zwischen SPD und Union – die Reform des Zuwanderungsgesetzes beschlossen. Im Zentrum des umfassende Änderungen enthaltenden Gesetzesentwurfes stehen unter anderem Bleiberechtsregeln für langjährig geduldete Ausländer und neue Vorschriften für den Nachzug von Ehegatten. Die Diskussion um das Bleiberecht überlagert die ebenfalls auf den Weg gebrachten Änderungen im Staatsangehörigkeitsrecht. Denn das Dokumenten-Paket enthält erhebliche Verschärfungen der Einbürgerungsvoraussetzungen.

Mit der rund 450 Seiten umfassenden Vorlage werden sich in den kommenden Wochen und Monaten der Bundestag und der Bundesrat befassen. Nach dem Willen der Bundesregierung sollen die von ihr eingebrachten Neuregelungen zum 15. Juli 2007 in Kraft treten.

Striktere Voraussetzungen für die Einbürgerung sieht auch der Gesetzesantrag vor, der auf einen Beschluss der Innenministerkonferenz vom Sommer 2006 zurückgeht und dem der Bundesrat Mitte März zugestimmt hat. In einigen Punkten decken sich die Vorlagen: So sind beispielsweise Einbürgerungstest, um die Hälfte verringerte Strafsätze, höhere Anforderungen an die Sprachkenntnisse und Verfassungseid in beiden Papieren enthalten. Der Entwurf der Bundesregierung sieht zudem eine Verschärfung vor, die sich auf Antragsteller im Alter von 16 bis 23 Jahren bezieht. Sie sollen künftig über ausreichendes Einkommen verfügen. Bislang müssen Jugendliche nicht nachweisen, dass sie einen gesicherten Lebensunterhalt haben.

Der Wegfall der »Privilegierung« soll – wie der Begründung zur Gesetzesvorlage entnommen werden kann – vor allem junge Ausländer treffen, »die sich nicht um Ausbildung und Beschäftigung bemühen«. Die bisherige Regelung verhindert, dass einbürgerungswillige Studenten und Auszubildende unter dem Druck stehen, den Nachweis für ihren gesicherten Lebensunterhalt zu erbringen.

Die Änderungen im Zuwanderungsrecht werden von Migrantenorganisationen, Sozialverbänden und Gewerkschaften massiv kritisiert. Der Wegfall der Begünstigung von Jugendlichen bei der Einbürgerung werde »nicht den emotionalen Bezug« zu dieser Gesellschaft fördern und somit auch nicht zur Integration von jungen Menschen beitragen. »Das Wahrnehmen von Bildungschancen werde sich als

Nachteil auswirken, wenn Studierende und Auszubildende dazu verpflichtet werden, eigenes Einkommen nachzuweisen«, lautet ein weiterer Einwand. Die Union hingegen spricht von einem Paradigmenwechsel in der Integrationspolitik. Die Reform des Zuwanderungsrechts bedeute den Abschied von »Multikulti«. Im Zentrum stehe der Grundsatz »Fordern und Fördern«.

Es ist unwahrscheinlich, dass der Gesetzesentwurf der Bundesregierung in seiner jetzigen Form verabschiedet wird. Wesentliche Änderungen in Passagen und Paragraphen wird es aber wohl auch nicht geben, denn die Koalitionspartner haben vieles im Vorfeld abgestimmt.

Fest steht jedoch, dass das Zusammenleben von Einheimischen und Zugewanderten eines der Themen bleiben wird, das die Gemüter bewegt. Die Ansichten und Positionen, die in diesem Buch zusammengetragen sind, mögen zur sachlichen Diskussion beitragen.

Canan Topçu, Ende März 2007

Einführung

»Sie haben eine ausländische Staatsangehörigkeit, aber leben bereits längere Zeit in Deutschland? Sie wollen dauerhaft hier bleiben? Dann laden wir Sie ein, gleichberechtigte Bürgerin oder Bürger unseres Landes zu werden und die deutsche Staatsangehörigkeit anzunehmen. Die Vorteile liegen auf der Hand: Sie genießen alle Bürgerrechte. Sie können in Deutschland wählen und gewählt werden. Sie genießen Freizügigkeit innerhalb der Europäischen Union, können in viele Länder visafrei reisen. Sie können in Deutschland Ihren Beruf frei wählen, sich niederlassen oder eine selbstständige Erwerbstätigkeit ausüben.«

(aus dem Vorwort zur Broschüre »Wie werde ich Deutscher?«, herausgegeben von der Bundesbeauftragten für Migration, Flüchtlinge und Integration)

Der »Einladung, die deutsche Staatsbürgerschaft anzunehmen«, folgten weder unmittelbar nach der Reform des Gesetzes im Jahre 2000 noch in der Zeit danach allzu viele Menschen. Das verwundert auf den ersten Blick! Warum entscheidet sich ein dauerhaft in diesem Land leben wollender Mensch, der die Chance bekommt, gleichberechtigter Bürger zu sein, gegen freie Berufswahl und Wahlrecht, gegen sicheren Aufenthalt in Deutschland und Reisefreiheit? Ich gehörte – sehr zur Verwunderung meiner deutschen Freunde – lange Zeit zu eben dieser Gruppe. Wiewohl ich informiert war über die Gesetzeslage und all die vielen Vorteile, die der deutsche Pass mit sich bringt. Ich hatte meine Gründe. Eines Tages lösten sich die Widerstände, und ich klopfte in meinem Wohnort Hanau an die Tür des Amtes für Einbürgerungsangelegenheiten.

Dass mir der Brandes & Apsel Verlag just in der Zeit, in der ich mein »Deutschwerden« vorbereitete, den Vorschlag machte, ein Buch zum Thema Einbürgerung zu verfassen, war sicherlich ein Zufall. Aber nicht nur. Als Tochter türkischer Eltern bin ich mit orientalischen Traditionen aufgewachsen und daher empfänglich für Deutungen wie »Kismet« – das nur unvollständig mit Schicksal und Vorbestimmung übersetzt werden kann. Zwar hatte ich mich entschieden, deutsche Staatsangehörige zu werden, aber ich hatte auch Probleme damit. Mir konnte also nichts Besseres passieren, als die im Laufe meines Deutschwerdens auftauchenden Fragen mit journalistischen Formaten wie Portraits, Interviews und Reportagen zu umkreisen.

Dass das Thema Einbürgerung komplex ist, wusste ich schon, bevor ich mich der Recherche widmete. Wie vielschichtig es ist, wurde mir während der ersten Gespräche deutlich, und mir wurde auch ziemlich schnell klar, dass ich das Thema in all seiner Komplexität nicht abdecken kann. Der Austausch mit meinesgleichen und so genannten autochthonen Deutschen hat mich darin bestärkt, die Arbeit trotzdem fortzuführen, aber den Buchmarkt nicht mit einer weiteren Publikation zu »bereichern«, für die sich – wenn überhaupt – nur Experten interessieren. Das Buchprojekt wurde im wahrsten Sinne des Wortes zu einer »work in progress«.

Ich habe ganz bewusst einen Akzent auf die Menschen gesetzt, die vom Staatsangehörigkeitsrecht betroffen sind, denn in der politischen Diskussion kommen sie kaum vor. Was ging und geht anderen Zugewanderten durch den Kopf, wenn sie sich für beziehungsweise gegen die Einbürgerung entscheiden? Ich sprach mit Menschen, die sich haben einbürgern lassen, mit anderen, die dies nicht wollen oder aus unterschiedlichen Gründen nicht können. Zwölf von ihnen haben Einblick in ihr Leben gewährt – elf von ihnen habe ich portraitiert. Als ich die Tonaufnahme des Gesprächs abhörte, das ich mit einer Freundin geführt hatte, drängte sich die Form »aufgezeichnet« auf. Sebnem Açba hat in geradezu poetischer Sprache ihre Gedanken formuliert, so dass ich sie selbst erzählen lasse – über ihre Vergangenheit und Gegenwart und über ihre Wünsche für die Zukunft.

Schon in den ersten Wochen, nach denen ich meinen Einbürgerungsantrag eingereicht hatte, versuchte ich zu rekonstruieren, wie es dazu gekommen war und schrieb meine Gedanken auf. An eine Veröffentlichung hatte ich damals keineswegs gedacht. Ich habe den »Fundstück« betitelten Text leicht überarbeitet, mit einem Postskriptum versehen und in das Lesebuch aufgenommen.

Ohne auf die Einbürgerungspolitik in Deutschland einzugehen, wäre aber vieles nicht verständlich. Daher ist im Kapitel VI die Debatte zusammengefasst; sie wird im Kapitel »Positionen« durch Interviews mit Politikern ergänzt, die sich mit dem Thema befassen. Die quantitative Entwicklung steht im Mittelpunkt des Kapitels »Daten und Deutungen«. Die Einbürgerungsmodalitäten einiger anderer EU-Staaten sind wiederum im Kapitel VI zusammengetragen.

Noch immer wird mir seltsam zumute, wenn ich daran denke, wie der Mitarbeiter des Türkischen Konsulats in Frankfurt am Main meinen türkischen Reisepass annullierte: Er haute Seite für Seite mit roter Tinte den Stempel mit dem Schriftzug *iptal edilmistir – cancelled – ungültig* darauf. Tak-Tak, Tak-Tak. Insgesamt 27 Mal! Derweil fielen mir all die Reisen ein, die ich mit meinem dunkelblauen Reisepass unternommen hatte, und ich wurde wütend auf den türkischen Beamten, der auf so unsensible Weise vor meinen Augen meine türkische Identität demolierte – so, als wollte er sich persönlich dafür rächen, dass ich mich für die deutsche Staatsbürgerschaft entschieden hatte. Als eine Momentaufnahme aus dem Wartesaal des Türkischen Generalkonsulats versteht sich die Reportage in Kapitel I.

In Gesprächen mit Eingebürgerten stellte ich fest, dass auch andere nur schweren Herzens ihre Herkunftspässe abgegeben hatten und es als eine Art von Identitätsverlust empfanden. Dies wiederum brachte mich dazu, mit einem Psychologen über dieses Phänomen zu sprechen (Kapitel II). Die unwirtliche Atmosphäre, in der mir die Einbürgerungsurkunde ausgehändigt wurde, führte dann zu der Frage, wie der Einbürgerungsakt in anderen Städten vonstatten geht (Kapitel II). »Einbürgerungsfeiern haben für viele Eingebürgerte eine symbolische Bedeutung«, sagt der Migrationsexperte Friedrich Heckmann (Kapitel I). Wie läuft solch eine Feier ab? Beispielhaft ist die Reportage aus dem Kaisersaal im Rathaus der Stadt Frankfurt am Main (Kapitel I).

Erst nachdem ich meine deutschen Dokumente ausgehändigt bekam, beschäftigte ich mich mit der Untersuchung von Tanja Wunderlich und erkannte mich in der Gruppe der »Zögernden« wieder. Ich hatte mehr als 20 Jahre gezögert und es dann ganz eilig gehabt, deutsche Staatsbürgerin zu werden. Wissenschaftliche Untersuchungen, wie die von Wunderlich, versuchen Erklärungen dafür zu finden (Kapitel II), warum anspruchsberechtigte Ausländer (k)einen Antrag auf Einbürgerung stellen. Was immer für oder gegen den deutschen Pass spricht – es sind vor allem individuelle Entscheidungen von Menschen! Als ich mit deutschen Freunden und Bekannten über mein Deutschwerden ins Gespräch kam, stellte ich fest, dass nur wenige wussten, dass ich noch nicht eingebürgert gewesen war. Offensichtlich hatte ich dieses Thema ausgeklammert. Viele waren davon ausgegangen, dass sich Menschen wie ich – »integrierte« und in dieser Gesellschaft »angekommene« Migranten – ohne weiteres für den deutschen Ausweis entscheiden. Die Voraussetzungen für die Einbürgerung und vieles andere, das mir selbstverständlich erschien, war meinen deutschen Freunden unbekannt. Umgekehrt stellte ich fest, dass auch ich nicht viel über sie wusste; was bedeutete es für sie, Deutsche zu sein? Wie lebten sie mit ihrer deutschen Identität? Aus diesen und anderen Fragen ist Kapitel V entstanden, in dem sich vier Deutsche über ihr Deutschsein äußern.

Alle Texte zusammen spiegeln persönliche Schicksale und Lebensentwürfe hierzulande, sind somit auch deutsche Zeitgeschichte. Konzipiert als Kaleidoskop verschiedener Erfahrungen mit eigenen und fremden Widersprüchen bezüglich der nationalen Identität, als Spektrum von kulturell, ethnisch, religiös vermittelten Ansichten und Einsichten, möchte das Lesebuch – ohne den Anspruch, alle Probleme und Positionen unter einem Buchdeckel vereint zu haben – einen Einblick in das Thema geben, vor allem aber zum Nachfragen und zu Gesprächen anregen, über das eigene Deutschsein oder das Deutschwerden von ursprünglich Fremden – also Menschen »wie du und ich«.

I   EINBLICKE

Fundstück

Meinen deutschen Pass habe ich einem Dieb zu verdanken. So werde ich zu erzählen beginnen, wenn ich einmal ganz offiziell Bürgerin dieses Staates geworden bin. Es ist aber noch nicht so weit, ich habe erst die Einbürgerungszusicherung. Als Nächstes steht die Ausbürgerung an. »Die Türken lassen sich damit Zeit. Das kann schon ein paar Jahre dauern«, hat mir der für Staatsangehörigkeitsangelegenheiten zuständige Beamte in Hanau erklärt. Ich habe zwar keine Ahnung, warum »die Türken« so viel Zeit brauchen, bis sie mich aus der Staatsbürgerschaft entlassen, ich weiß aber, dass sich »die Türken« grundsätzlich nicht gern drängen lassen. Ich kenne meine Pappenheimer! Bis ich mich entschließen konnte, die Staatsbürgerschaft zu wechseln, brauchte es ja auch so seine Zeit. Und wenn das mit dem Autoeinbruch nicht passiert wäre, dann hätte ich den Schritt wohl immer noch nicht gemacht.

Mit einem deutschen Pass lebt es sich besser. Davon muss mich niemand überzeugen, ich weiß das schon seit langem. Spätestens als 20-Jährige an der dänischen Grenze, als ich schlecht gelaunt in mein blaues Reisedokument schaute, in das der Grenzbeamte »abgewijst« gestempelt hatte, wurde mir bewusst, dass mein türkischer Pass nicht viel wert ist. Damals wollte ich nur ein verlängertes Wochenende in Dänemark verbringen. Das war eine spontane Idee meiner deutschen Freunde gewesen, und ich hatte mich dazu verleiten lassen, auch mal was zu riskieren.

Wir setzten uns ins Auto und fuhren los. Das Risiko kann so groß nicht sein, meinten meine Freunde, sie seien schon so oft durchgewinkt worden. Dass ausgerechnet unser Wagen an der frequentierten deutsch-dänischen Grenze gestoppt werden würde, daran glaubte niemand. Wir sahen gewöhnlich aus, fanden sie, und wir fuhren einen ziemlich normalen Wagen (VW-Passat). Meine Freunde setzten darauf, dass wir durchgewinkt würden und ich ohne amtlichen Stempel dänisches Terrain betreten könnte. Ich machte mit, nicht ahnend, worauf ich mich einließ. »Abgewijst« heißt abgewiesen. So abgeklärt wie heute hätte ich mich damals darüber nicht äußern können. »Abgewijst«, das bedeutete für mich »abgelehnt«. Und das war eine ziemliche Kränkung.

Ein paar Jahre später wurde im luxemburgischen Schengen ein Abkommen beschlossen, das auch Menschen wie mich zu »Bürgern« machte, die sich freier in der EU bewegen können, zumindest in alle Länder reisen können, die den Vertrag unterschrieben haben. Ohne Visum hätte ich somit auch nach Dänemark reisen können; da wollte ich aber nicht mehr hin. Ich muss keinen Urlaub in Dänemark machen.

In Italien übrigens auch nicht. Dort bin ich aber sehr gerne. Insofern war ich mehr als verärgert, als ich auch an der italienischen Grenze »abgewijst« wurde. Es war an mir völlig vorbeigegangen, dass Italien irgendwann zwischen Sommer und Winter 1993 die Visumpflicht auch für uns Auslandstürken eingeführt hatte. Viele Male war ich problemlos über die Alpen gekommen, zuletzt im Sommer 1993. Und dann, drei Tage vor Silvester, musste ich meine Fahrt unfreiwillig beenden.

Ich saß im Zug, wollte zu Freunden nach Verona und hielt den italienischen Grenzbeamten, die kurz nach Innsbruck mit den Kontrollen angefangen hatten, ohne Bedenken meinen Pass hin. Nach intensivem Blättern waren die beiden Signori sich einig, dass ich die Zugfahrt nicht fortsetzen könne und beim nächsten Stopp – und das war am Brenner – aussteigen müsse. Ich verstand die Welt nicht. Mein Bitten und Flehen und Weinen nützte nichts. Ich musste umkehren. Silvester feierten meine Freunde und ich doch noch gemeinsam. So schnell wie an der dänischen Grenze wollte ich mich nicht abweisen lassen, fuhr mit dem nächsten Zug nach Innsbruck zurück, ließ mich mit dem Taxi in einer nicht zugelassenen Geschwindigkeit zum Italienischen Konsulat bringen und mir im wahrsten Sinne des Wortes fünf vor zwölf ein Visum erteilen. Denn um zwölf Uhr begann für die Beamten die Mittagspause und ich glaube kaum, dass sie Mitleid mit einer italophilen Türkin gehabt und ihre Dienstzeit verlängert hätten. Mit dem eingestempelten Visum im Reisepass kam ich mit einem halben Tag Verspätung in Verona an.

Ein paar Jahre später konnte ich an einer Journalistenreise, die nach Bulgarien und Rumänien führte, nicht teilnehmen, weil ich als türkische Staatsbürgerin für beide Länder ein Visum hätte haben müssen; die Zeit zwischen der Einladung und der Reise reichte jedoch nicht, um Einreiseerlaubnisse für beide Staaten zu bekommen. Natürlich habe ich mich darüber geärgert und die Visumpflicht der Rumänen und Bulgaren für uns Türken als reine Schikane empfunden. Was hinter diesem Visumzwang steckt, weiß ich nicht. Wenn es als Hürde für den Ansturm von Türken gedacht sein sollte, dann weiß ich definitiv, dass ein Denkfehler vorliegt.

Nicht einmal die beschriebenen Visa-Probleme konnten mich dazu bringen, den Pass zu wechseln. Ich brachte es einfach nicht über mich. Ich habe es immer als einen Verrat an meiner Herkunft empfunden, wollte nicht, »nur weil es mit einem deutschen Pass kommoder ist«, diesen gegen meinen türkischen Pass eintauschen. Es war wohl auch so etwas wie Trotz im Spiel. Ich wollte mich nicht auf die Bedingungen der Deutschen einlassen, die von mir partout verlangen, mich von meinem türkischen Pass zu trennen, wenn ich Staatsbürgerin dieses Landes werden will. Am Ende haben sie mich doch noch weich gekriegt, die Deutschen ... ich habe nachgegeben, manchmal, in ganz emotionalen Momenten, denke ich sogar, mich verkauft zu haben … doch dann schaltet sich der Verstand ein und der sagt: »Ach das ist doch Quatsch, ist doch nur ein formaler Akt.« Ein Akt mit vielen Formalien und Formularen ist es allemal. Und das Schlimmste habe ich hinter mir.

Ich habe jetzt die Einbürgerungszusicherung. Dank des Diebes! EIN-BÜR-GE-RUNGS-ZU-SI-CHE-RUNG. Was für ein Wort! Das ist aber nicht nur ein Wort. Das ist meine Zukunft. Und die fing eben damit an, dass irgend so ein blöder Mensch mein Auto aufgebrochen und meine Reisetasche geklaut hatte. Oh, was hatte ich für eine Wut, als ich eines Morgens, es war ein Samstag im Oktober, die Fahrertür meines Autos öffnete und sah, dass auf dem Beifahrersitz, also dort, wo meine Reisetasche hätte sein müssen, lauter kleine Glasscherben lagen.

In der Reisetasche befand sich nichts, aber auch wirklich nichts, für das es sich gelohnt hätte, eine Straftat zu begehen. »Selber schuld«, dachte ich. Schließlich war ich es gewesen, die abends zuvor die Reisetasche im Auto liegen gelassen hatte, weil ich nach fünf Stunden auf der Autobahn zu faul gewesen war, sie mitzunehmen. Froh, heil zu Hause angekommen zu sein, wollte ich nur eines: Rotwein, Käse und abspannen. Also ließ ich die Tasche im Auto. Auf die Idee, dass jemand in unserer abgelegenen Gasse auf Beutezug gehen könnte, war ich gar nicht gekommen. Dann, als ich den Verlust bemerkte, erstattete ich ordnungsgemäß eine Anzeige – gegen Unbekannt und ohne jegliche Hoffnung, dass der Täter aufgespürt werden könnte. Wie soll man einen Autoeinbrecher ausfindig machen, der keine anderen Spuren als Glasscherben am Tatort hinterlässt?

Der Polizeibeamte gab mir den Rat, die unmittelbare Umgebung des Tatortes abzusuchen. Das habe ich dann auch gemacht – mit Kindern der Nachbarschaft. Wir wühlten in Hecken, Büschen und Abfallbehältern. Ohne Erfolg. Keine Spur von meiner kleinen Reisetasche, die gefüllt war mit schmutziger Wäsche, Kulturbeutel, Sportsachen und einem Ausstellungskatalog, den ich in Hannover geschenkt bekommen hatte.

Nach ein paar Tagen war der Schaden an meinem Auto behoben, und fast hatte ich den Verlust der Reisetasche und deren Inhalt vergessen, da bekam ich einen Anruf. »Hallo Canan, hier ist Christa«, sagte die Freundin aus Hannover. Und noch bevor ich etwas erwidern konnte, legte Christa los. Meine geklaute Tasche – ich hatte ihr davon kurz nach dem Verlust erzählt – sei im Hanauer Fundbüro abgegeben worden. Der Mann vom Fundbüro hatte in der Tasche den Kunstkatalog und darin eine Visitenkarte entdeckt. Er wählte die Telefonnummer und hatte Christa am anderen Ende der Leitung am Apparat. Am Tag nach dem Telefonat mit der Freundin ging ich zum Fundbüro im Hanauer Rathaus. Damit der Mitarbeiter des Fundbüros meine Tasche aus dem Lager im Kellergeschoss holen konnte, musste ich vor die Tür. Auf dem Gang vertrieb ich mir die Zeit mit Auf- und Abgehen. Dabei schaute ich nach rechts und nach links und las aus Langeweile alles, was es an den Wänden und Türen zu lesen gab.

An dem Türschild rechts neben dem Fundbüro steht: »Fachbereich I, Strategie und Bürgerservice, Standesamt, Einbürgerungen, Namens- und Staatsangehörigkeitswesen. A-Kh«. Ich denke mir nichts dabei, mache noch ein paar Schritte, stehe vor einer weiteren Tür und lese wieder »Fachbereich I, Strategie und Bürgerservice, Standesamt, Einbürgerungen, Namens- und Staatsangehörigkeitswesen, Ki-Z, Peter Pfeiffer«. Aus diesem Büro höre ich Stimmen und klopfe spontan an, warte auf das Signal zum Eintreten. Und dann, als ich vor dem Mann mit grauen Haaren und desinteressiertem Blick sitze, will ich ihm erzählen, wie es dazu gekommen ist. Herr Pfeiffer interessiert sich nicht für mich, will nichts wissen, nicht die Geschichte über den Einbruch in mein Auto, auch nichts über die geklaute und wieder aufgefundene Tasche. Herr Pfeiffer greift recht bald in eine Schublade, überreicht mir ein paar Formulare und weist mich dabei auf einen Rechtschreibfehler auf einem der Papiere hin. Name mit H. Hahaha. Herr Pfeiffer findet das auch lustig, zumal nicht er die Fehlerquelle ist. Irgendein Beamter des Regierungspräsidiums Darmstadt hat es verbockt, und ohne dass es ein anderer gemerkt hätte, sind die offiziellen Formulare in zigtausendfacher Ausführung gedruckt worden. Einstampfen wäre zu kostspielig. Also wird es verwendet. Und vor der Abgabe an Antragsteller wird das H durchgestrichen. Mir fällt dazu ein Spruch aus meiner Kindheit ein. »Wer nämlich mit h schreibt, ist dämlich«. Und was ist der, der Name mit »H« schreibt? Ich bin nicht dämlich. Schon zwei Tage später habe ich die ausgefüllten Formulare bei Herrn Pfeiffer abgegeben.

Und seitdem frage ich mich, wer wohl meine Tasche aus dem Auto geklaut hat. Bei dem Finder habe ich mich bereits »erkenntlich gezeigt«, wie es im Deutschen heißt. Das würde ich auch gerne bei dem Dieb, denn ohne ihn hätte ich wohl bis heute nicht an die Tür des Amtes geklopft, das sich mit Einbürgerungen befasst.

Trotz des Haderns und Zauderns bin ich vor allem auch erleichtert, dass ich diesen Schritt nun endlich gemacht habe. Es ist eindeutig vernünftiger, hier mit deutschem als mit türkischem Pass zu leben. Rausschmeißen kann mich dann niemand mehr. Ich wüsste nicht, wohin ich dann gehen sollte.

PS: Anfang Dezember holte ich aus dem Briefkasten einen Umschlag heraus, dessen Absender die Hanauer Stadtverwaltung war. Ich dachte sogleich, dass es mich wieder einmal erwischt hatte. Ich konnte mich allerdings nicht daran erinnern, in den vergangenen Wochen irgendwo im Parkverbot gestanden zu haben ... dann war ich wohl zu schnell gefahren. Auf dem Weg in die Wohnung zählte ich in Gedanken die Strafzettel und die Summe zusammen, die ich im Laufe des Jahres der Stadtkasse überwiesen hatte und war ziemlich genervt. Am Küchentisch öffnete ich schließlich den Briefumschlag und musste mich hinsetzen. »Vollzug Ihrer Einbürgerung in den deutschen Staatsverband« las ich auf dem blässlichen grauen Papier. Oh, daran hatte ich gar nicht gedacht.

Zwei Tage später klopfte ich an der Tür, vor der ich erstmals 14 Monate zuvor gestanden hatte. Herr Pfeiffer war inzwischen pensioniert, und ein mir unbekannter Beamter überreichte mir meine Einbürgerungsurkunde. Das Prozedere dauerte keine fünf Minuten, und ich war wieder draußen. Damit endet mein Deutschwerden. Und beginnt mein Leben als Staatsbürgerin in diesem Land. Ich bin gespannt darauf, wie ich mich verhalten werde, wenn Wahlen anstehen. Ich habe noch nie in meinem Leben einen Stimmzettel ausgefüllt. Es hat sich nicht ergeben. Meine Türkei-Reisen fielen nicht in die Zeit, in der dort Wahlen stattfanden. Meine Urlaube so zu planen, dass ich zur richtigen Zeit dort bin, erschien mir wiederum unnötig. Als eine in Deutschland lebende Türkin drängte es mich nicht danach, mich in das politische Geschehen meines Geburtslands einzubringen. Und hier in Deutschland hatte ich mich scheinbar damit abgefunden, es nicht tun zu dürfen.

Der erzwungene Verzicht auf die Staatsangehörigkeit meines Herkunftslandes ließ mich trotzig sein. So wie es – meinen Erfahrungen nach – sehr viele Söhne und Töchter aus Zuwandererfamilien sind. Im Dezember 2006 war ich zu einer Veranstaltung in eine Schule eingeladen worden, um über das Thema Einbürgerung zu sprechen. Die Schule zeichnet sich durch einen hohen Migrantenanteil aus: Etwa 80 Prozent der Schüler und Schülerinnen haben Eltern beziehungsweise Großeltern, die nach Deutschland eingewandert sind. Schätzungsweise 150 Jugendliche waren zu der Abendveranstaltung gekommen, und es war recht ruhig in der überfüllten Aula, während ich die Geschichte meines Deutschwerdens erzählte. Als ich am Ende an die Gäste appellierte, sie sollten nicht so lange warten wie ich, sie sollten sich einbürgern lassen, wurde es sehr laut in der Aula. Ich wurde ausgebuht! Und wie. Viele der Jugendlichen waren empört, von hier und da waren Zwischenrufe zuhören, unterschiedlich formuliert, aber gleichen Inhalts: »In diesem Land bleiben wir Ausländer, egal welche Pässe wir haben.« Gegen die Stimmen der protestierenden Schüler und Schülerinnen kam ich kaum an mit meinem Appell, dass sie deutsche Staatsbürger werden sollten, um mitzuwählen und die Politik dieses Landes mitzubestimmen.

An diesem Abend ist mir einmal mehr klar geworden, dass wohlwollende Gesetze allein nicht reichen, die Einbürgerungsquote zu erhöhen. Wenn das gesellschaftliche Klima nicht stimmt, dann fühlen sich auch noch die Kinder und Kindeskinder der Einwanderer hier nicht willkommen und nicht wohl. Das kann nicht im Sinne des sozialen Friedens sein.

Im Warteraum

Die Luft ist stickig im Warteraum vor Raum 15. Etwa 30 Personen, Männer und Frauen, junge und ältere und alte, sitzen und stehen hier. Die meisten warten schweigend. In der Hand haben einige das Zettelchen, das sie morgens an der Pforte bekommen haben. Wer in das Gebäude des Türkischen Generalkonsulats in Frankfurt am Main eintreten will, muss eine Nummer ziehen – egal in welcher Angelegenheit er die Vertretung seines Herkunftslandes aufsucht. Ich will meine Ausbürgerung aus der türkischen Staatsbürgerschaft beantragen und habe die Nummer 40 erhalten. Vor Ort erst erfahre ich, dass zeitiges Erscheinen sinnvoll ist. Wer wie ich erst nach 9 Uhr kommt, muss sich damit abfinden, den Vormittag mit Warten zu verbringen. Wer früher kommt, wird früher »abgefertigt«.

Ich betrachte den Nummernanzeiger über der Tür von Raum 15, in dem die Ausbürgerungsanträge bearbeitet werden. Die Ziffern verändern sich nicht, von Zeit zu Zeit kommt jemand aus dem Raum und ruft eine Nummer auf. Gegen 11.30 Uhr ist es die 25. Ich hätte mir etwas zum Lesen mitbringen sollen; die Zeit vergeht nur langsam. Neben mir sitzt eine junge Frau, die sich offensichtlich ebenfalls langweilt. Ab und an streift sie sich mit der Hand über ihr langes, dunkles Haar und verfolgt ebenfalls den Nummernanzeiger. Die Ziffern rücken nur schleppend voran, als ob die Zeit still stehen würde. Die einzige Ablenkung bietet HR2. Herbert Grönemeyer singt »Gib mir mein Herz zurück«, während ich mit den Augen die Lautsprecher suche und mich darüber wundere, dass den Wartenden im Generalkonsulat der Türkischen Republik die Langeweile mit einem deutschen Radiosender vertrieben wird. Gegen 12 Uhr zeigt der Nummernanzeiger erst die 18 an. Als wieder eine Konsulatsangestellte vor die Tür tritt, mehrere Zahlen runter rattert und dann wieder entschwindet, werde ich unsicher. War meine auch dabei? An der Tür von Raum 15 ist ein Schild angebracht: Nicht unaufgefordert eintreten. Ich klopfe trotzdem an, trete zaghaft ein und frage vorsichtig nach, ob Nummer 40 aufgerufen wurde und wann ich wohl damit rechnen könnte, an die Reihe zu kommen. Hinter drei Tischen sitzen drei nicht gerade freundlich wirkende Menschen. Während die beiden Männer sich nicht zuständig fühlen, antwortet die Frau: »Bleiben Sie bitte draußen, wir rufen Sie auf.«

Draußen im Warteraum setze ich mich wieder an meinen Platz, betrachte ein verblichenes Poster, mit dem das Türkische Tourismusministerium für den Badeort

Alanya wirbt, und frage mich, was mich verbindet mit diesen Menschen um mich herum, die auf den Einlass in Raum 15 warten. Abgesehen davon, dass auch sie ihren türkischen Pass gegen einen deutschen eintauschen möchten, fällt mir nichts zu ihnen ein. Sind wir alle Landesverräter? Tun wir etwas Böses? Mir kommt der Gedanke, eine kleine Umfrage zu starten, um zu erfahren, warum sich meine Landsleute zu diesem Schritt entschieden haben. Das wäre sicherlich interessant, und auf diese Weise würde sich die Wartezeit verkürzen. Aber mir fehlt der Mut. Stattdessen konzentriere ich mich auf meine Nachbarin und schaue sie unauffällig an: Sie hat glänzende schwarze Haare, trägt eine modische Jeans, ein eng anliegendes schwarzes T-Shirt und hält auf ihrem Schoß eine schwarze Ledertasche mit vielen Metallschnallen und Nieten. Links neben ihr sitzt eine kleine, dicke Frau im grauen langen Mantel und mit verhülltem Haar. Der Garderobe nach zu urteilen stammt sie aus der anatolischen Provinz. An der Wand hinter ihr hängt im goldenen Rahmen ein Portrait von Atatürk, dem Vater der Türken. Es gibt wohl keine türkische Amtsstube, in der ein Konterfei des Republikgründers fehlt. Atatürk is watching you! Was wohl Atatürk dazu gesagt hätte, dass Türken zu Deutschen werden?

Die Luft wird schlechter im nicht mehr als 40 Quadratmeter großen Warteraum, in dem sich zwischen 30 und 35 Personen aufhalten. Durch das Kommen und Gehen sind es mal mehr, mal weniger Menschen. Kaum öffne ich ein Fenster, beschwert sich auch schon jemand über die kalte Luft. »Welche Nummer haben Sie denn?« Aus Langeweile fange ich ein Gespräch mit meiner Nachbarin an. Mehtap heißt sie, und die Frau neben ihr ist ihre Mutter, erfahre ich schon bald und wundere mich. Denn Mutter und Tochter tauschten die ganze Zeit kein Wort.

»Sind Sie auch wegen der Staatsbürgerschaftssache hier?«, frage ich die junge Frau. »Ja«, sagt sie. Sie wolle ihren Ausbürgerungsantrag stellen. Da haben wir das Thema, das uns verbindet. Wir plaudern zunächst auf Türkisch, wechseln zwischenzeitlich ins Deutsche, weil sie sich in dieser Sprache besser ausdrücken kann, dann wieder ins Türkische, damit ihre Mutter mitbekommt, worüber wir uns unterhalten. Mehtap erzählt freimütig über sich, wird dabei allerdings immerzu von ihrer Mutter unterbrochen. Die erwähnt den Vater, ihm sei es bestimmt nicht recht, dass die Tochter so viel erzählt. »Mutter, was ist denn schon dabei, wir plaudern doch nur, es sind doch keine großen Geheimnisse.« Energisch klingt Mehtaps Stimme, sie lässt sich nicht von der Unterhaltung abhalten. Die Mutter wiederum wirkt verunsichert, mit auf dem Schoß verschränkten Händen sitzt sie da, versucht zu verstehen, was ihre Tochter sagt und murmelt zwischendurch: »Ach, ich weiß nicht, ob das gut ist, wenn Du mit einer Journalistin sprichst.« Ich hätte nicht erwähnen sollen, welchen Beruf ich ausübe. Ich wollte aber nicht schwindeln, als mich Mehtap fragte, welcher Arbeit ich nachgehe. Das ist eine der ersten Fragen, die in der türkischen Community gestellt werden – wie auch die Frage nach dem Herkunftsort. »Nerelisin? – Woher stammst Du?« Das wollen die meisten Türken von ihren Gesprächspartnern wissen. Und als Antwort dient zumeist der Ort, aus dem der Vater stammt. Unabhängig davon, ob man selbst jemals dort gewesen ist oder nicht. Wenn ich gefragt werde, antworte ich schon seit vielen Jahren: aus Hannover. Denn dort habe ich mehr als zwei Jahrzehnte gelebt, habe dort meine Kindheit und Jugend verbracht und auch studiert.

Mehtap sagt: »Biz Ankaraliyiz – wir sind aus Ankara.« Seit ihrem zweiten Lebensjahr lebt sie in Deutschland. Sie ist 18 Jahre alt und die jüngste von vier Geschwistern. Erst 1990 holte ihr Vater, der 1965 als Gastarbeiter hierher kam, seine Familie zu sich. Der 58-Jährige ist inzwischen Frührentner, spricht aber trotz vier Jahrzehnten in diesem Land wenig Deutsch. Seine Frau ist Analphabetin und kennt nur ein paar deutsche Worte. Mehtap hingegen spricht sehr gut Deutsch, Türkisch wiederum schlecht und mit unüberhörbar deutschem Akzent.

»Warum hast Du so lange damit gewartet, Deutsche zu werden?« möchte die junge Frau von mir wissen. Wie es im Türkischen als Zeichen der Sympathiebekundung üblich ist, haben wir im Laufe des Gesprächs vom anfänglichen »Sie« zum »Du« gewechselt. »Warum willst Du denn einen deutschen Pass?«, frage ich. Schulterzucken ist ihre spontane Reaktion, schließlich zeigt nicht nur ihre Körpersprache, dass sie eigentlich keine so richtige Antwort dafür hat. Die Entscheidung für die Einbürgerung haben ihre Eltern getroffen. »Sie haben gesagt, dass es besser wäre, wenn ich einen deutschen Pass hätte«, erzählt sie, derweil ihre Mutter mit vorgebeugtem Kopf zuhört. »Mein türkischer Pass lauft demnächst ab«, erzählt Mehtap weiter. Ihre Eltern hätten gemeint, dass es eine günstige Gelegenheit sei, für sie den deutschen Pass zu beantragen.

»Ein deutscher Pass ist schon gut«, sagt Mehtap auf Türkisch. Wofür ist er denn gut? »Ich weiß nicht so genau; ich will nicht in der Türkei leben, also brauche ich den türkischen Pass nicht«, erklärt die 18-Jährige. Die Antwort passt nicht zu meiner Frage. Ich würde gerne wissen, was sich im Kopf einer jungen Türkin abspielt, was für Gedanken eine wie Mehtap hat. Also nehme ich einen zweiten Anlauf: »Was bedeutet es denn für Dich, Deutsche zu werden?« Wieder Schulterzucken. Mehr ist von ihr nicht zu erfahren. Mehtap macht sich weder etwas aus dem türkischen noch aus dem deutschen Ausweis.

Mit dem Land ihrer Eltern verbindet sie nicht allzu viel. Ihr Vater und ihre Mutter stammen aus einem Dorf bei Ankara, dort war sie schon lange nicht mehr, erfahre ich.

Der Vater kam im Alter von 17 Jahren nach Deutschland, nahm später eine Braut aus seinem Dorf. Die Frau blieb dort, er kam alle paar Jahre zum Heimaturlaub. Während sie die zwischenzeitlich geborenen Kinder großzog, arbeitete er in einer Fabrik und schickte Erspartes zur Familie in der Heimat. Mehtap ist die jüngste von vier Geschwistern. Die 34 und 33 Jahre alten Brüder und 26-jährige Schwester sind bereits verheiratet.

Welten liegen zwischen Mutter und Tochter – so wie sie da sitzen, die eine gekleidet und verhüllt wie in der anatolischen Provinz, die andere modisch gestylt – das denke ich, derweil Mehtap ihre Familiengeschichte erzählt, so als wäre es das Normalste von der Welt, dass der Vater Frau und Kinder nur im Heimaturlaub sah. Die Mutter sieht nicht so aus, als ob ihr viel an Deutschland läge. Warum ist es ihr und ihrem Mann aber so wichtig, dass Mehtap die deutsche Staatsangehörigkeit erhält? Wenn die Mutter schon daneben sitzt, kann ich sie doch mal fragen. Ich will aber nicht »mit der Tür ins Haus fallen«, also plaudere ich auch mit ihr und scheitere jedoch schon bald mit meiner Frage nach ihrem Alter. »Ach, das weiß ich nicht so genau, so zwischen 50 und 55«, antwortet die Frau in einem Türkisch, wie es in fernen Dörfern Anatoliens gesprochen wird. Nachdem sie mich ausführlich über ihre Krankheiten informiert hat, will ich schließlich von ihr wissen, warum ihre Tochter »Alman« – also Deutsche – werden soll. »Damit ist es doch sehr viel einfacher, einen Ehemann aus der Türkei hierher zu bringen.« Ich werfe einen Seitenblick auf Mehtap; ohne auch nur das Gesicht zu verziehen, sitzt sie da und lässt die Äußerung ihrer Mutter unkommentiert im Raum stehen. Daher weht der Wind! Offiziell deutsch werden, um die Bindung an die Türkei durch die Ehe mit einem Türken von dort zu verstärken.

Wir schweigen einen Moment, dann wende ich mich Mehtap zu, wechsele aber das Thema. »Ich habe einen Realschulabschluss und mache gerade eine Ausbildung zur Pharmazeutisch-Technischen Assistentin«, antwortet sie. Mein Kopf ist durcheinander. Ich möchte nichts mehr wissen, will nur noch raus aus diesem Warteraum, raus in die frische Luft.

Gegen 13 Uhr bin ich an der Reihe. Der Beamte ist sich scheinbar zu schade für einen freundlichen Blick oder gar verärgert darüber, dass ein Türke nach dem anderen die Entlassung aus der Staatsbürgerschaft beantragt, und wechselt kaum ein Wort mit mir. Routiniert hantiert er an seinem Computer, druckt irgendwelche Formulare aus, drückt sie mir in die Hand und sagt: »Vom Konsul unterschreiben lassen und wieder hier abgeben.« Der Konsul sitzt einen Gang weiter hinter einer Glasscheibe, an einem Schalter wie in einer Bank. Durch einen Schlitz reiche ich ihm die Papiere. Er schaut jedes Formular genau an, stempelt und unterschreibt schließlich die zweifach auszufüllenden Papiere. »Heute haben wir viele Landsleute verloren«, sagt er und lächelt dabei. So als wollte er mir sagen: »Einmal Türkin, immer Türkin, auch mit dem deutschen Pass bleiben Sie das, was Sie sind.«

»Freunde, die Ihr seid willkommen«
Einbürgerungsfeier im Frankfurter Römer

»Der Kaisersaal ist heute geschlossen«, steht auf dem Schild vor dem Eingang des Rathauses. Der Kaisersaal im »Römer«, wie die Frankfurter ihr Rathaus nennen, ist ein Wahrzeichen der Stadt am Main und Anziehungspunkt für Besucher aus dem In- und Ausland. An diesem Novembertag müssen Touristen auf die Besichtigung verzichten, denn dort findet eine Einbürgerungsfeier statt.

Schon eine Dreiviertelstunde vor Beginn stehen die ersten Gäste vor dem Römer. Eintreten dürfen sie noch nicht, auch nicht in den Vorraum, wo es – wie durch die Glasscheibe zu sehen ist – eine Sitzecke gibt. »Ich habe doch eine Einladung, warum darf ich nicht einfach rein und im Sitzen warten?«, fragt eine junge Frau den Pförtner. »Einlass ist erst ab 13.30 Uhr«, antwortet er im strengen Ton. »Ich will doch nicht in den Saal ... Ich würde mich aber gerne setzen.« Die Bitte der festlich, nicht aber dem Herbstwetter entsprechend gekleideten Frau prallt ab. »Ich befolge nur meine Anweisungen.« Kaum dass der grauhaarige Mann gesprochen hat, wendet er sich ab.

Die Frau ist sichtlich empört. »Anweisungen befolgen, ohne deren Sinn zu hinterfragen – das ist eine typisch deutsche Eigenschaft.« Sie spricht vor sich hin – in einer Lautstärke, die vermuten lässt, dass ihre Äußerung nicht allein für seine Ohren gedacht ist. Dann verstummt sie und wartet vor dem Eingang, wo sich immer mehr Menschen versammeln. Kurz nach 13.30 Uhr öffnet der Pförtner die Tür. Manche Gäste treten mit zielsicheren Schritten ein, andere zögerlich, so als wären sie sich nicht ganz sicher, am richtigen Ort zu sein. Für die meisten ist es der erste Besuch im Rathaus. Sie zeigen ihre Einladungskarten, einige erklären schüchtern, ihre Einladungskarte vergessen zu haben. Trotzdem dürfen sie hinein. So streng wie der Pförtner sind die anderen Bediensteten nicht. Schließlich richtet die Stadt diese »Willkommensfeier« für all jene aus, die sich für ein Leben mit dem deutschen Pass entschieden haben.

Manche steigen die Treppen hastig, andere gehen langsam, Stufe für Stufe hinauf, und schauen sich dabei um. Im Kaisersaal angekommen, tasten etliche mit neugierigen Blicken die Wandgemälde ab. Später erst werden die Gäste von der Oberbürgermeisterin erfahren, was es mit den Bildern an den Wänden auf sich hat.

Jetzt sind die meisten damit beschäftigt, sich einen Platz auszusuchen. Der Saal füllt sich – mit Menschen, die sich für diese Feier hübsch gemacht haben. Männer mit und ohne Bart, in Anzügen oder anderer eleganter Garderobe, Kopftuchträgerinnen und frisierte Frauen in Kostümen oder gar Abendkleidern. Gemurmel und Kinderstimmen erfüllen den Saal.

Um 14 Uhr soll die Feier beginnen, doch bis zu diesem Zeitpunkt sind nicht alle 200 Stühle besetzt. Etwa 1.200 Einladungen – an alle in den vergangenen vier Monaten Eingebürgerten – wurden verschickt. Damit möchte die Kommune ein Zeichen setzen. Der »wichtige Schritt der Menschen, die deutsche Staatsangehörigkeit anzunehmen«, soll gewürdigt werden. Nicht jedem ist die Willkommensgeste wichtig. Doch all jene, die sich auf den Weg in den Römer machen, freuen sich über die Einladung. Manche kommen allein, andere mit Familie oder Freunden. Michael und Jency Palakat gehören zu den Gästen, die sich für diesen Anlass schick gemacht haben. Er trägt einen braunen Anzug, sie eine weiße Bluse und einen schwarzen Rock. Im Juli ist Michael Palakat eingebürgert worden. Weil »alles so schnell gegangen ist« bei der Urkundenübergabe, freut er sich über den Empfang im Römer. Eine Einladung hatte Jency Palakat bereits vor sechs Jahren erhalten, als sie die deutsche Staatsangehörigkeit erwarb. Damals konnte es die gebürtige Inderin allerdings zeitlich nicht einrichten. Jetzt sitzt sie neben ihrem Mann und ist »beeindruckt von dem schönen Saal«.

Kurz vor 14 Uhr sind gut 250 Gäste im Kaisersaal, etliche haben sich auf die Seitenbänke gesetzt. Ein buntes Völkchen, das hier versammelt ist: Menschen aus Europa, aus Mittel- und Fernost, Menschen mit unterschiedlichen Haut- und Haarfarben, mit unterschiedlichen Gesichtszügen und Augenformen und mit unterschiedlichen Beweggründen für den Wechsel der Staatsbürgerschaft. Frankfurt am Main ist ein Mikrokosmos, hier leben Menschen aus mehr als 180 Ländern. Und eben diese Mischung spiegelt die Gesellschaft im Saal wider.

Michael und Jency Palakat wissen nicht, was sie an diesem Nachmittag erwartet. Sie sind neugierig, und sie freuen sich – wie viele andere – auf Oberbürgermeisterin Petra Roth. Die Ansprache des Stadtoberhaupts ist fester Bestandteil des Festakts. Einmal konnte sie wegen einer Krankheit die Gäste nicht persönlich begrüßen und ließ sich von einem Stadtrat vertreten. Das kam nicht gut an. Seitdem lässt sie keinen Termin aus.

Mit Applaus wird Petra Roth begrüßt, als sie den Kaisersaal betritt. Auf dem Weg nach vorne gibt sie dem einen oder anderen die Hand und bemerkt, dass in den ersten Reihen noch Stühle frei sind. Bevor der International Choir Frankfurt *Freude schöner Götterfunken* singen kann, sorgt Petra Roth für Bewegung im Saal. Mit den Armen gestikulierend, bittet sie die Gäste, näher zu kommen. Das war –

wie sie später in ihrer Rede erklären wird – auch eine symbolisch gemeinte Geste. Sie habe ganz bewusst darum gebeten, die freien Stühle in den vorderen Reihen zu besetzen. »Wir Frankfurter wollen doch zusammenhalten«, ruft sie den Gästen vom Pult aus zu. Dass sich nicht alle, die nunmehr mit deutscher Staatsangehörigkeit in der Stadt leben, auch sofort als Frankfurter fühlen, scheint die Oberbürgermeisterin nicht in Erwägung zu ziehen.

Als »liebe, sehr verehrte neue deutsche Staatsbürger« begrüßt Petra Roth die Gäste und weist auf die historische Bedeutung des Ortes hin. Hier im Kaisersaal seien bis 1806 die Könige des Heiligen Römischen Reichs Deutscher Nation gewählt und gekrönt worden. Dass die Feier in einem »sehr geschichtsträchtigen Ort« stattfindet, schmeichelt den Gästen. Über die Zahl der Neu-Bürger im Saal, die sich mit der Historie auskennen, kann nur spekuliert werden. Kenntnisse über Geschichte und Kultur sind bei Michael und Jency Palakat nicht abgefragt worden, als sie ihre Einbürgerungsanträge stellten. Wäre es nach dem hessischen Innenminister gegangen, müssten Antragsteller einen Test über Wissen über und Werte in Deutschland und Europa absolvieren. »Welche Versammlung tagte im Jahr 1848 in der Frankfurter Paulskirche?« So könnte – wie es der hessische Wissenstest vorgesehen hatte – künftig eine der Fragen lauten, die Antragsteller in einem Einbürgerungstest zu beantworten haben. Michael Palakat und seine Frau Jency könnten darauf nicht antworten. Bislang sind sie auch ohne dieses Wissen gut durchs Leben gekommen.

Der 56-Jährige ist vor mehr als 30 Jahren aus dem südindischen Bundesstaat Kerala nach Frankfurt gekommen und hat hier eine Ausbildung zum Krankenpfleger gemacht. Mit seiner Frau und den drei Söhnen im Alter von zehn, zwölf und 17 Jahren lebt er im Neubaugebiet Frankfurter Berg. Er arbeitet in einer Klinik, ist Katholik und ein eifriger Kirchgänger. In Frankfurt fühlen seine Frau und er sich wohl, allerdings haben sie nicht allzu viel Kontakt zu Deutschen.

Die Oberbürgermeisterin spricht von all den fremden Menschen aus fremden Ländern und Kulturen, die wichtig für den Aufstieg Frankfurts gewesen seien und erklärt, so als wollte sie die neuen Deutschen beruhigen, dass der »Abschied von der Staatsbürgerschaft des Herkunftslandes nicht den Abschied von der eigenen Kultur« bedeute. Während Petra Roth davon redet, dass Demokratie von der Streitkultur lebt und Meinungsfreiheit eine der wichtigsten Grundlagen »unserer Gesellschaft« ist, rückt der eine oder andere Gast auf seinem Stuhl hin und her, fährt sich mit der Hand durchs Haar und streift mit dem Blick die Bilder der Kaiser und Könige. Richtig ruhig geht es in dieser Feierstunde nicht zu. Immer wieder wird die Oberbürgermeisterin von Kinderstimmen übertönt, immer wieder geht die Tür auf und ein verspäteter Gast betritt den Saal.

Einige Gäste sehen gelangweilt aus, andere interessiert. Ihr Nicken legt die Vermutung nahe, dass sie ganz und gar einer Meinung mit der Oberbürgermeisterin sind. Die Reaktionen auf die Ansprache des Polizeipräsidenten Achim Thiel sind ähnlich. Wie die Rathauschefin geht der Gastredner auf die Bedeutung der Demokratie ein, erklärt, dass sie keinen »Stillstand« vertrage. Der Polizeipräsident weist darauf hin, dass mit der Einbürgerung nicht nur Rechte, sondern auch Pflichten einhergingen. »Na klar, wie sollte es denn auch anders sein, das weiß ich doch.« Dieser Gedanke mag manch einem in diesem Moment durch den Kopf gehen. Eigentlich sollte der Polizeipräsident über den »Beitrag der Polizei zur Integration« sprechen; viel mehr als dass bei der Frankfurter Polizei Beamte mit Migrationshintergrund beschäftigt sind, die insgesamt 15 Sprachen beherrschen, ist aber nicht zu erfahren. An die »taufrischen Deutschen« appelliert der ranghohe Beamte, sich um eine gute Allgemeinbildung zu bemühen und schlägt dann einen Bogen zu den unterschiedlichen Kulturen und Religionen, die »hier ihren Platz haben, solange Gesetze eingehalten werden«. »Bereitschaft zu Integration erwarten wir von den Migranten, die hier dauerhaft leben wollen«, stellt der Polizeipräsident klar.

Manch einer ist verwundert über den »Einführungskurs in die Demokratie«. Auch der Appell des Polizeipräsidenten kommt nicht bei allen Zuhörern gut an. Michael Palakat sagt: »Offensichtlich geht er davon aus, dass Migranten grundsätzlich einen niedrigen Bildungsstand haben.« Wer hier lebe, der solle schon »Allgemeinbildung haben, das ist gut für die Gesellschaft«, meint zwar auch der gebürtige Inder. Eine Aufforderung sich zu bilden, brauche er aber nicht. Das Ehepaar hat Söhne, deren Heimat Deutschland ist, und einen Freundeskreis, der sich aus Landsleuten zusammensetzt. »Das wird sich nich dadurch ändern, dass ich jetzt einen deutschen Pass habe«, ist sich der 56-Jährige sicher. Die Familie lebt hier, »ohne negativ aufzufallen« und hat sich entschieden, in Deutschland zu bleiben. Daher hat nun auch der Vater seine indische Staatsangehörigkeit abgegeben. »Ein Inder bleibe ich trotzdem«, sagt Michael Palakat. Einen Unterschied gibt es allerdings doch noch: »Der deutsche Pass erleichtert mir das Reisen ins Ausland.«

You'll never walk alone hat der Chor zwischen den Reden der Oberbürgermeisterin und des Polizeipräsidenten gesungen. *Freunde, die ihr seid willkommen*, heißt ein weiteres Stück. Die Lieder sind wohl nicht zufällig ausgewählt worden. Und wie auf dem Programmblatt zu lesen ist, steht zum Ende der Feier das »Singen der deutschen Nationalhymne« an. Um dies den Gästen zu erleichtern, sind Kopien von Text und Noten auf den Sitzen ausgelegt worden. Trotz Vorlage singen nur die wenigsten mit, manche bewegen stumm die Lippen, andere bemühen sich nicht einmal, den Eindruck des Mitsingens zu erwecken. Wer weiß schon, woran all diese Menschen in diesem Augenblick denken.

»Nur nicht die Oberbürgermeisterin verpassen«, das scheint etlichen durch den Kopf zu gehen, als Petra Roth nach dem offiziellen Teil ins Foyer geht. Schon eilen die Ersten zu ihr. Beim letzten Mal hatte eine eingebürgerte Französin, die seit mehr als 30 Jahren in Frankfurt lebt, ihr einen Umschlag gereicht. Darin befanden sich Gedichte, die sie erstmals in deutscher Sprache verfasst hatte. Präsente für die Oberbürgermeisterin sind eher selten, die meisten wollen ein paar persönliche Worte tauschen, ihr die Hand schütteln und sich mit ihr fotografieren lassen. Die Kinder wiederum interessieren sich für den großen Tisch im Foyer: Lutscher, Gummibärchen, Schokoriegel und Goldtaler liegen dort in großen Mengen.

Wenn es der Terminkalender erlaubt, bleibt Petra Roth länger auf dem Empfang. Dann schnappt sie sich auch mal den großen Weidenkorb und geht damit umher, verteilt Brezeln und freundliche Worte. Sie spricht die Menschen an, reicht die Hand, steht still, bis Fotos gemacht sind, und fragt auch, ob der Festakt gefallen hat. Wäre Michael Palakat nicht ein höflicher Mensch, dann hätte er ihr gesagt, dass er die Reden zu lang und zu langweilig fand. »Etwas mehr Stimmung hätte schon sein können«, sagt er später. Mehr Musik, mehr künstlerische Darbietungen und mehr Kulinarisches. Dass es nur Brezeln gab, hat das Ehepaar Palakat verwundert. Aber der Wein – ein heller Tropfen aus dem Weingut der Stadt Frankfurt – schmeckt ihnen. Zwar sind Michael und Jency Palakat ein bisschen enttäuscht darüber, dass es nicht lebendiger zuging, »aber die Freude über die Einladung bleibt«.

Schon seit zehn Jahren lädt die Stadt – mittlerweile dreimal im Jahr – Eingebürgerte zu einem Empfang ein und gibt pro Feier rund 2.000 Euro aus – für Getränke und Präsente. Erwachsene bekommen als Erinnerung am Ausgang den Bildband *Frankfurt* und ein kleines weißes Büchlein: das Grundgesetz. Eine Art von Grundgesetz gibt es auch für die Jungen und Mädchen: den *Struwwelpeter* vom Frankfurter Arzt Heinrich Hoffmann.

Die letzten Gäste verlassen an diesem Tag kurz vor 16 Uhr die Feier und gehen fast leer aus, denn Bildband und *Struwwelpeter* gibt es keine mehr. »Die sind weggegangen wie warme Semmeln«, sagt eine Frau vom Amt, während sie eine weiße Tischdecke zusammenfaltet.

»Ein neues Verständnis von Zugehörigkeit«

Ein Gespräch mit Friedrich Heckmann, Leiter des Europäischen Forums für Migrationsstudien

F riedrich Heckmann ist seit 1992 Professor für Soziologie an der Universität Bamberg und Mitbegründer und Leiter des *efms* (Europäisches Forum für Migrationsstudien). Zu seinen Arbeitsgebieten zählen neben der Soziologie interethnischer Beziehungen und Migration auch Migrantenintegration und Sozialisationsforschung. Heckmann ist als Gutachter und Berater im Bereich Migration und Integration für die Bundesregierung, Landesregierungen, Kommunen und gesellschaftliche Organisationen tätig.

Professor Heckmann, in der aktuellen Diskussion um die Einbürgerung taucht immer wieder die Formel »Erst Integration, dann Einbürgerung« auf. Es gibt aber auch Stimmen, die die Position vertreten, dass Menschen erst mit der deutschen Staatsangehörigkeit zu Personen werden, die sich sozial und politisch in diesem Land einbringen, weil sie erst mit der Einbürgerung – aus psychologischer Sicht – das Gefühl der Zugehörigkeit entwickeln. Was stimmt denn nun?
Die Frage, ob Einbürgerung Mittel oder Abschluss der Integration sein sollte, ist nicht neu. Auch wenn die Frage gegenwärtig immer noch nicht einheitlich in der politischen Diskussion beurteilt wird, scheint mir doch eine Mehrheit der Stimmen der »Mittel«-Auffassung zuzuneigen. Aber auch bei dieser Auffassung muss beachtet werden, dass Staatsangehörigkeit als neue Mitgliedschaft an bestimmte Partizipationsfähigkeiten und Kenntnisse gebunden ist und somit kein reines Instrument der Integration sein kann.

Aber nach der neuen Gesetzesvorlage – sie sieht ja einen schriftlichen Einbürgerungstest vor – sieht es doch danach aus ...
Es wird ja nur festgelegt, dass ein Einbürgerungstest zu machen ist ...

Sie bewerten das nicht als eine restriktive Einbürgerungspraxis?
Solch ein Test, der Wissen im Zusammenhang mit Staatsbürgerkunde abfragt, schafft die Voraussetzung für Partizipation, beispielsweise eine Wahlentscheidung

treffen zu können. Es ist also nicht von vornherein verwerflich, solch ein Wissen zu überprüfen. Ich finde es auch nicht sinnvoll, dass die Staatsangehörigkeit mir nichts, dir nichts vergeben wird. Es ist doch eine Mitgliedschaft mit neuen Rechten.

Geplant ist auch, dass die Einzubürgernden einen Eid sprechen sollen ...
Das ist eigentlich nichts Neues, keine große Veränderung. Schon im derzeitigen Verfahren ist eine Verpflichtung abzugeben, dass man das Grundgesetz anerkennt. Bisher musste es nur in schriftlicher Form erfolgen. Ein Eid ist im Grunde eine etwas stärkere Form der Verpflichtung, aber keine inhaltliche Veränderung. Es ist ein Ausdruck eingegangener Verpflichtungen für die neuen Rechte, die gewonnen werden. In vielen Ländern ist das üblich.

Das Einbürgerungsverfahren wird von den Menschen, für die es gemacht ist, nicht als einladend empfunden. Die immensen Kosten und die Hürden, die damit verbunden sind ... es entsteht bei vielen der Eindruck, als wolle Deutschland gar nicht, dass sich Einwanderer einbürgern lassen ...
Ich denke, dass die Gesetzgebung, die seit dem Jahr 2000 in Kraft ist, doch eine qualitative Veränderung darstellt – gegenüber der bereits vorhandenen Gesetzeslage und -praxis, die Einbürgerung im Grunde als Ausnahmetatbestand angesehen hat. Allerdings ist es wohl noch immer so, dass auch das reformierte Gesetz und die Verwaltungspraxis unter der alten Ausländerpolitik leiden. Es ist sehr unterschiedlich, wie die Verwaltung arbeitet. Das wissen wir von eigenen Untersuchungen. In Bamberg beispielsweise werden Willkommenssignale ausgesandt, in anderen Städten ist das anders. Es gibt eine sehr große Variation bei den Städten. Sicherlich ist bei vielen Beamten und Verwaltungsangestellten, die für Einbürgerung zuständig sind, die neue Botschaft noch nicht angekommen. Ich finde es ganz wichtig, dass die Verwaltung sich umorientiert.
Das unter der rot-grünen Regierung verabschiedete Staatsbürgerschaftsgesetz ermöglicht ein offenes Verfahren, auch wenn es nicht explizit ein Willkommenssignal aussendet. Es lässt aber ein anderes Bild eines Deutschen zu, dass man nicht nur durch Abstammung, sondern auch durch Einbürgerung Deutscher werden kann. Das ist ein neues Verständnis von Zugehörigkeit.

Bei vielen Migranten der dritten Generation kommt diese Botschaft offensichtlich nicht an. Ich höre bei vielen eine ungeheure Kränkung heraus; dass das Interesse an der Einbürgerung nicht groß ist, zeigen auch die Statistiken ...
Stimmt, die Zahlen sind zunächst nur nach dem Inkrafttreten des Gesetzes angestiegen. Das hat damit zu tun, dass all jene, die in Wartehaltung waren, ihre

Anträge gestellt haben. Danach sind die Einbürgerungszahlen runter gegangen und bewegen sich nunmehr konstant bei etwa 120.000. Es ist eine häufige Reaktion, dass man aufgrund empfundener Diskriminierung oder Zurückweisung auf seine ethnische Herkunft pocht, sich selbst abgrenzt und die Einbürgerung ablehnt. Ethnisierung aufgrund von Diskriminierung ist kein seltenes Phänomen. Ich denke aber, dass es nicht der allgemeine Trend ist. Die anderen, also die Eingebürgerten, fallen halt nicht auf. Nicht zu vergessen bleibt, dass EU-Bürger die deutsche Staatsangehörigkeit nicht benötigen und ihr Rechtsstatus sicher ist.

Es sind doch junge Menschen, die hier geboren sind, die aller Wahrscheinlichkeit nach auch hier bleiben werden. Wie könnte denn der Appell, sich einbürgern zu lassen, attraktiver gestaltet werden? Ich weiß von einigen Städten – Frankfurt am Main gehört dazu –, die vor einigen Jahren Kampagnen gestartet haben ...
Solche Kampagnen sollten von den Städten unbedingt wieder aufgegriffen werden. Die Bundesregierung hatte mit der Einführung der neuen Einbürgerungsrichtlinien auch eine Kampagne ins Leben gerufen. Eigentlich müsste das vor allem auf der kommunalen Ebene stattfinden, dort müssten die Willkommenssignale ausgesendet werden. Das ganze Problem hängt meines Erachtens auch mit all den anderen Problemen zusammen, die wir im Bereich »Jugendliche mit Migrationshintergrund« haben. Es muss eine stärkere Identifizierung über die Verbesserung der Perspektiven erreicht werden. Das Bildungssystem beispielsweise erreicht diese Menschen viel zu wenig, es gibt ihnen nicht genügend Chancen; über diese Chancen könnte eine stärkere Identifizierung mit diesem Land erfolgen.

Was bedeutet das konkret? Was müsste passieren?
Das Bildungssystem muss auf allen Stufen – auch in der vorschulischen Erziehung – bestimmte Fördermaßnahmen vorsehen. Ein Anfang ist bereits mit den Sprachkursen im Kindergartenalter gemacht; das finde ich ganz wichtig. Es müsste auch auf anderen Stufen systematische Förderungen geben – beispielsweise über Tutoren innerhalb der Schulen und über Hausaufgabenhilfen. Aber eben systematisch eingesetzt und nicht auf privater Basis oder von einem Wohlfahrtsverband organisiert, sondern als eine strukturelle Maßnahme. Das ist die Grundvoraussetzung dafür, dass sich die Jugendlichen auch stärker identifizieren können. Der Arbeitsmarkt wird sich in den nächsten Jahren in der Weise verändern, dass man sich auch um die qualifizierbaren Menschen reißen wird.

Was sind weitere Faktoren, die die Einbürgerung fördern würden?
Ich denke, dass es mindestens für die erste Generation angemessen wäre, die doppelte Staatsangehörigkeit anzuerkennen. Ich sehe durchaus, dass mit Mehrstaa-

tigkeit auch Probleme verbunden sind – für den Staat und für die Person selber; in Fällen von Schutz beispielsweise ist nicht immer klar, wer zuständig ist. Wenn eine Person in ihrem Herkunftsland durch einen Unfall oder durch eine Straftat oder aus einem anderen Grund verfolgt wird, dann sagt das Herkunftsland, das ist mein Staatsangehöriger. Dann beginnt ein Streit um die Zuständigkeit. Der Staat ist verpflichtet, Schutz zu geben und alles zu tun, um das Leben und die Freiheit des Staatsangehörigen zu gewährleisten. Wenn es aber zu Problemen in einem Land kommt, in dem die Person auch Staatsbürger ist, dann sind Konflikte vorprogrammiert.

Ein weiterer Faktor für positive Veränderungen betrifft das Bild des Deutschen; natürlich ist es ein längerer Prozess, es braucht Zeit, bis im Bewusstsein das Deutschsein eben auch mit anderer Hautfarbe verbunden wird. Dabei kommt auch den Medien eine stärkere Verantwortung zu.

Um noch einmal auf die geplanten Änderungen zurückzukommen: Einbürgerungsfeiern – bisher gibt es sie auf freiwilliger Basis der Kommunen – sollen bundesweit in einem feierlichen Rahmen erfolgen. Auf Anregung ihres Instituts hat die Stadt Bamberg vor sechs Jahren solch eine Feier eingeführt. Wie sind die bisherigen Erfahrungen?

Die Feiern und Empfänge – das haben wir beobachten können – kommen sehr gut an. Wichtig ist, dass auf solch einer Feier hochrangige Personen – etwa der Oberbürgermeister – die Menschen persönlich begrüßen. Und dass es wirklich feierlich zugeht – in Bamberg gehören Musik, ein kurzer Vortrag und die Rede eines Eingebürgerten dazu. Das kommt wirklich gut an; es sind spannende Geschichten, die diese Menschen erzählen.

Eine Einbürgerungsfeier ist auch ein Signal an die Bürger der Stadt, dass es neue Mitglieder in ihrer städtischen Gesellschaft gibt. Wichtig ist zudem die emotionale Dimension. Über einen Festakt kann der biografische Schritt einer Einbürgerung auch vom Gefühl her eine wichtige Bedeutung bekommen und positiv besetzt werden. Die emotionale Seite kann meines Erachtens aber nicht mit einer Einbürgerungsfeier angesprochen werden, die routinemäßig verläuft. Eine Feier sollte nicht nach bundeseinheitlichen Vorgaben stattfinden, die Individualität der Regionen und Städte muss zum Ausdruck kommen. Erst dann ist es ein Akt, der Willkommenssignale sendet, kulturelle Akzente setzt und eine persönliche Note hat; dann erst kann es positive Gefühle bei den Eingebürgerten und auch bei anderen Teilnehmern solch einer Feier geben.

II DATEN UND DEUTUNGEN

Weniger Einbürgerungsanträge als erwartet

Ein Blick in die Statistik

Das Statistische Bundesamt führt über so ziemlich alles eine Statistik – natürlich auch über Einbürgerungen.[1] So sind beispielsweise auf einem DIN A4-Blatt die Einbürgerungszahlen seit 1946 aufgelistet. Da lässt sich auf einen Blick erfassen, wie sich der Wechsel der Staatsangehörigkeit entwickelt hat: Zwischen 8. Mai 1945 und 31. Dezember 1950 – also in einem Zeitraum von fünf Jahren – sind 2.024 Einbürgerungen registriert worden. Schon im Jahr darauf steigt die Zahl auf 2.357, und 1953 sind es bereits 8.430 Menschen, die die deutsche Staatsangehörigkeit erhalten haben.

Festzustellen ist anhand dieser amtlichen Liste, dass die Zahl der Einbürgerungen im Zeitraum von 1990 (101.377) bis 1995 (313.606) stetig steigt. Einen Knick gibt es erst ab 1997, danach sinkt die Zahl der Einbürgerungen jährlich um 20.000 bis 30.000. Im Jahre 1999 sind es nur noch 248.206, und just in dem Jahr, in dem das Staatsangehörigkeitsgesetz in Kraft trat, sank die Zahl auf 186.688. Wie kommt das? Wieso wird die Zahl kleiner? Müsste es nicht einen Boom gegeben haben? War nicht in anderen Publikationen zu lesen, dass sich die Zahl der Einbürgerungen nach der Reform von 2000 positiv entwickelt habe?
Ziffern allein helfen nicht weiter, der Blick in die Statistik kann ziemlich irritieren: So ist eine Erkenntnis bei der Suche nach Zahlen, die die Entwicklung der Einbürgerungen wiedergeben. Verwirrend ist die zitierte Liste, weil die Statistik bis zum Jahr 1999 nicht zwischen Spätaussiedlern und Ausländern unterscheidet, dies aber nirgends in dem Dokument erwähnt ist. Nach einer Gesetzesänderung erwerben Spätaussiedler seit dem Jahr 2000 die deutsche Staatsangehörigkeit automatisch, sie müssen nicht wie zuvor einen Antrag auf Einbürgerung stellen und tauchen somit in der Statistik nicht mehr als Eingebürgerte auf.

Grundsätzlich ist bei der Auswertung der Statistik zu beachten, dass es sich um Einbürgerungen und nicht um eingereichte Anträge handelt. Experten gehen davon aus, dass ein nicht unerheblicher Teil der Zugewanderten noch vor der Reform des

---

[1] Mit der Allgemeinen Verwaltungsvorschrift zum Staatsangehörigkeitsrecht vom 13. Dezember 2000 ist festgelegt worden, dass jährlich die Einbürgerungsstatistik erhoben wird – und zwar für alle Einbürgerungstatbestände.

Staatsangehörigkeitsrechts einen Antrag eingereicht hat, weil das noch geltende Recht als vorteilhafter erachtet wurde.

Ob sich die Reform des Staatsangehörigkeitsgesetzes nachhaltig auf die Einbürgerungsbereitschaft auswirkte, lässt sich kaum eindeutig klären. Rund vier Millionen der etwa 7,3 Millionen Ausländer, die bei Inkrafttreten des reformierten Staatsangehörigkeitsrechts in Deutschland lebten, erfüllten für die Einbürgerung Kriterien wie Aufenthaltsdauer und Aufenthaltsstatus. Es wurden allerdings weitaus weniger Anträge eingereicht als erwartet – auch in Bezug auf die Übergangsregelung für Kinder. Das Bundesinnenministerium hatte für das erste Jahr nach der Reform mit etwa einer Million Anträge gerechnet, doch nicht einmal ein Fünftel der prognostizierten Interessenten stellten einen Antrag.

Eltern konnten für Kinder bis zu zehn Jahren bis zum 31. Dezember 2000 einen Einbürgerungsantrag einreichen. Lediglich 43.600 von rund 700.000 anspruchsberechtigten Kindern sind über diese Übergangsregelung eingebürgert worden. Die geringe Zahl führen Fachleute darauf zurück, dass für die Übergangsregelung zu wenig Werbung gemacht wurde; als weiterer Grund wird genannt, dass sich Familien durch die Höhe der Gebühren (500 Mark) abschrecken ließen.

Dass die Einbürgerungen – entgegen den Erwartungen – nach der Reform des Staatsangehörigkeitsgesetzes nicht zugenommen haben, belegt auch die jüngste Veröffentlichung des Statistischen Bundesamtes.[2] Rund 117.240 Ausländer wurden im Jahre 2005 eingebürgert, das sind etwa 10.000 (-7,8 Prozent) weniger als 2004.[3] Damit fiel die Zahl der Einbürgerungen auf den niedrigsten Stand seit 1998;[4] damals waren knapp 106.800 Ausländer eingebürgert worden. »Mit der Einführung des neuen Staatsangehörigkeitsrechts im Jahre 2000 hatten die Einbürgerungen mit 186.700 eingebürgerten Personen ihren höchsten Stand erreicht. Seither sind die Zahlen jährlich zurückgegangen«, lässt das Statistische Bundesamt wissen.

Festgestellt wird, dass sich der Rückgang von 7,8 Prozent in 2005 gegenüber den Vorjahren deutlich abgeschwächt habe; 2002 hatte er noch – 13,2 Prozent und im Jahre 2004 noch – 9,6 Prozent betragen.[5] Anhand der Einbürgerungsquoten in den Bundesländern lässt sich zudem feststellen, dass es ein Nord-Süd-Gefälle gibt.

---

[2]   Statistisches Bundesamt, Pressemitteilung vom 20. Juli 2006.

[3]   Alle statistischen Daten dieses Kapitels sind, wenn nicht anders angemerkt, Veröffentlichungen des Statistischen Bundesamts entnommen – u. a. der am 8. August 2006 aktualisierten Veröffentlichung Bevölkerung und Erwerbstätigkeit. Einbürgerung. 2005.

[4]   Die Einbürgerungszahlen der vergangenen sechs Jahre sind: 2000: 186.688; 2001:178.098, 2002: 154.547, 2003: 140.731, 2004: 127.153 und 2005: 117.241.

[5]   Der Rückgang lässt sich mit der Einbürgerungsquote – das ist der Anteil aller Einbürgerungen an der ausländischen Gesamtbevölkerung – folgenderweise ausdrücken: 2000: 2,56; 2001: 2,43; 2002: 2,11; 2003: 1,92; 2004: 1,89; 2005: 1, 74.

Dies führen Experten auf die unterschiedliche Einbürgerungspraxis zurück. Auch detaillierte Verwaltungsvorschriften hätten nichts an der Tatsache geändert, dass das Verfahren im Bundesgebiet nicht einheitlich ist, so die Einschätzung von Behördenmitarbeitern.

Entgegen dem bundesweiten Trend meldet Berlin für 2006 einen Anstieg von Einbürgerungen. Der Zuwachs um 15 Prozent wird mit der Informationskampagne in Verbindung gebracht, die der Migrationsbeauftragte der Bundeshauptstadt im Frühjahr 2006 startete. Unter dem Motto »Der Deutsche Pass hat viele Gesichter« richtet sich die Einbürgerungsoffensive vor allem an junge Menschen. Die Kampagne umfasst eine Broschüre, die wie ein deutscher Pass gestaltet ist, Plakate sowie Spots und Anzeigen in türkischsprachigen Medien.

Die größte Gruppe unter den Eingebürgerten ist die türkische – so waren 2005 mit 32.661 Personen knapp 28 Prozent aller Eingebürgerten türkischer Herkunft. Bis Anfang der 90er-Jahre ließen sich nur sehr wenige Türken einbürgern.[6] Einen sprunghaften Anstieg gab es von 1998 (59.664) auf 1999 (103.900). Seitdem sinken Einbürgerungen unter türkischen Antragstellern kontinuierlich, auch wenn sie weiterhin die größte Gruppe der Eingebürgerten bilden. Ihr Anteil ist gegenüber 2004 (35 Prozent) deutlich zurückgegangen; noch 2000 machten eingebürgerte Türken im Vergleich zu Antragstellern mit einem Anteil von 44 Prozent den absolut größten Anteil aus;[7] an zweiter Stelle kamen 13.000 Eingebürgerte aus dem Iran (8,4 Prozent), gefolgt von Eingebürgerten aus Serbien und Montenegro (8.400 – 5,4 Prozent).

2005 folgen an zweiter und dritter Stelle Eingebürgerte aus Serbien und Montenegro (rund 8.820) sowie Polen (knapp 6.900). Im Vergleich zum Vorjahr haben 2005 Einbürgerungen von Personen aus Serbien und Montenegro (+ 150 Prozent) und Kasachstan (+ 106 Prozent) ungewöhnlich stark zugenommen, die Rückgänge beim Iran (– 30 Prozent) und der Türkei (– 27 Prozent) hingegen sind die höchsten, gefolgt von Personen aus Afghanistan (– 23 Prozent). Die Einbürgerungszahlen von Personen aus den ehemaligen Anwerbestaaten liegen insgesamt weit unter diesen Werten: durchschnittlich haben sich in den letzten 20 Jahren jährlich 100 bis 300 Spanier und Portugiesen, 300 bis 1.500 Griechen, 500 bis 2.000 Tunesier sowie 2.000 bis 5.500 Marokkaner einbürgern lassen. Unübersehbar ist, dass sich EU-Ausländer seltener für eine Einbürgerung entscheiden. Das geringe Interesse von Bürgern aus EU-Ländern am deutschen Pass wird damit erklärt, dass ihr Rechtsstatus in der Bundesrepublik sicherer ist.

---

6   1980: 399; 1983: 853; 1986: 1492, 1990: 2034; 1995: 31.578.

7   2001: 43 Prozent; 2002: 42; 2003: 39, 2004: 34 Prozent.

Das Durchschnittsalter der Eingebürgerten, die weniger als neun Jahre in Deutschland leben, liegt im Jahre 2005 bei 23,2 Jahren; 30,2 bei Eingebürgerten, deren Aufenthaltsdauer zwischen neun und 15 Jahren beträgt; und 36,1 Jahre ist das Durchschnittsalter der Eingebürgerten, die länger als 20 Jahre in Deutschland leben.

Auffallend sind in der Statistik die Zahlen, die sich auf Mehrstaatigkeit beziehen: Obwohl Paragraph 10, Satz 4, festhält, dass ein Ausländer auf Antrag einzubürgern ist, wenn er seine bisherige Staatsangehörigkeit aufgibt, erhalten fast die Hälfte der Ausländer deutsche Dokumente, ohne ihre bisherige Staatsangehörigkeit aufgeben zu müssen. 2005 wurden lediglich 52,8 Prozent der Ausländer unter Verlust der bisherigen Staatsangehörigkeit eingebürgert,[8] wenn die Aufgabe der alten Staatsangehörigkeit als unzumutbar erachtet wird, dann verzichtet die Behörde auf diese Bedingungen.

---

[8]   2004: 51 Prozent, 2003: 59,3 Prozent; 2002: 58,5, 2001: 51,7.

Von Zweifelnden und Zögernden
Ein Blick in die Forschung

Es gibt eine Vielzahl von Untersuchungen, die den Schwerpunkt auf die Einbürgerung legen. Insbesondere nachdem das Staatsangehörigkeitsgesetz in Kraft trat, begannen Wissenschaftler verschiedener Disziplinen, sich mit unterschiedlichen Ansätzen und Fragestellungen den Zugewanderten und ihrem Verhältnis zur Einbürgerung zu widmen. Eine noch vor der Reform durchgeführte Studie von Mannheimer Sozialforschern unter der Leitung von Hartmut Esser kam zu dem Ergebnis, dass 55 Prozent der Migranten aus den ehemaligen Anwerbestaaten ein deutliches Interesse an der deutschen Staatsangehörigkeit hatten; allerdings unter der Prämisse, nicht auf ihren Herkunftspass verzichten zu müssen. Bei Zuwanderern aus dem ehemaligen Jugoslawien waren es 69 Prozent, bei türkischen Interviewpartnern lag der Anteil bei 62 Prozent. Etwa 64 Prozent der 16- bis 20-Jährigen äußerten den Wunsch nach Einbürgerung, bei 55- bis 64-Jährigen waren es lediglich 34 Prozent. Als ein wesentlicher Grund dafür, keine Einbürgerung anzustreben, wurde die Aufgabe der Herkunftsnationalität genannt.[9]

In einer 1999 veröffentlichten Untersuchung gaben 55 Prozent der befragten türkischen Jugendlichen an, einen Doppelpass haben zu wollen.[10] Die Auswertung ergab, dass sich diese Jugendlichen beiden Kulturkreisen verbunden fühlen, hier Wurzeln schlagen möchten, ohne ihre Bindungen und die ethnische Herkunft aufgeben zu müssen. Und eine im Frühjahr 2000 veröffentlichte Studie kommt zu dem Ergebnis, dass 57 Prozent der Migranten aus den ehemaligen Anwerbestaaten Interesse an der Einbürgerung hätten – 19 Prozent gaben an, sehr interessiert zu sein, aber nur 28 Prozent von ihnen waren bereit, für den deutschen Pass auf ihre bisherige Staatsangehörigkeit zu verzichten. Und 73 Prozent derjenigen Befragten, die erklärt hatten, kein Interesse am deutschen Pass zu haben, ließen sich auch nicht damit locken, dass sie dafür ihre Herkunftsnationalität behalten können.[11]

---

[9]   »Die soziale und politische Partizipation von Zuwanderern in der Bundesrepublik Deutschland«, zitiert aus der Frankfurter Rundschau, 4. April 1997, S. 4.

[10]   »Das Fremde und das Eigene«, Forschungsprojekt an der FU-Institut für Erziehungswissenschaften, September 1999, zitiert aus der Frankfurter Rundschau, 7. Oktober 1999, S. 9.

[11]   Vgl. MARPLAN: Ausländer in Deutschland 2000. Soziale Situation, Offenbach 2000.

Dem Einbürgerungswillen von Migranten aus den ehemaligen Anwerbestaaten ist eine weitere Studie gewidmet, für die je 1.200 Jugendliche italienischer und türkischer Herkunft interviewt wurden. Rund 20 Prozent der Befragten gaben an, die deutsche Staatsangehörigkeit annehmen zu wollen. Die Analyse legt den Schwerpunkt auf die Rolle der kulturellen und identifikativen Integration im Einbürgerungsprozess und kommt zu dem Ergebnis, dass die Bereitschaft der hier geborenen Befragten, sich einbürgern zu lassen, größer ist. Festgestellt wird in der 2002 veröffentlichten Untersuchung zudem, dass es einen positiven Zusammenhang zwischen höherem Bildungsniveau und Einbürgerung sowie ein Gefälle zwischen Befragten aus EU-Ländern und Drittstaaten gibt. Ein tendenzieller Anstieg des Einbürgerungswillens mit der Dauer des Aufenthaltes wird ebenfalls konstatiert.[12]

Den Ursachen und Wirkungen von Einbürgerung geht auch eine relativ aktuelle Analyse von Tanja Wunderlich nach.[13] Anhand qualitativer Untersuchung – die Autorin wertete 24 so genannte narrativ-leitfadengestützte Interviews aus – widmet sie sich der Frage, in welcher Weise sich die Einbürgerung auf die soziale Integration, Kulturation und Identifikation der Migranten ausgewirkt hat. Wunderlich unterteilt die Einbürgerungsmotive in fünf Subkategorien und unterscheidet zwischen instrumentellen, pragmatischen Überlegungen und emotionalen Gründen:

1. Wunsch nach Gleichbehandlung mit Deutschen: Beenden von Aufenthaltsunsicherheit, Erleichterung beim Reisen, weniger Bürokratie, Verbesserung der beruflichen Chancen, Wahlrecht und politische Partizipation, Vermeidung von befürchteten oder tatsächlich wahrgenommenen Benachteiligungen aufgrund der Herkunft beispielsweise bei der Arbeitssuche und Studienplatzvergabe.
2. Verlässlichkeit der gesellschaftlichen Rahmenbedingungen in Deutschland: Möglichkeit, den Lebensunterhalt zu sichern, stabile staatliche Ordnung, sichere Rechtsordnung und Leistungen der sozialen Sicherungssysteme.
3. Familienbezogene Gründe: Familienmitglieder sind ebenfalls Deutsche, Kinder wollen Deutsche werden, die Zukunft der Kinder ist hier.
4. Zugehörigkeitsbezogene Motive: Einbürgerung als »logische Folge« des iden-

Diese jährlich durchgeführte repräsentative Umfrage erforscht die soziale Situation von Griechen, Italienern, Staatsangehörigen des ehemaligen Jugoslawiens, Spaniern und Türken in den alten Bundesländern einschließlich Berlins.

[12] Diehl, Claudia: Wer wird Deutsche(r) und warum? Bestimmungsfaktoren der Einbürgerung türkisch- und italienischstämmiger junger Erwachsener. In: Zeitschrift für Bevölkerungswissenschaft, Jahrgang 27, 2002.

[13] Wunderlich, Tanja: Die neuen Deutschen. Subjektive Dimensionen des Einbürgerungsprozesses. Stuttgart 2005.

tikativen, sozialen und kulturellen Integrationsprozesses, Innere Beweggründe; Lebensmittelpunkt ist in Deutschland; Herstellen von Kongruenz von subjektivem Empfinden und objektiver, rechtlicher Zugehörigkeit; Wunsch, irgendwo dazuzugehören/Hin- und Hergerissenheit vermeiden; Pass wird als Ausdruck von Zugehörigkeit erachtet.

5. Herkunftsbezogene Motive: Vermeidung des Wehrdienstes im Herkunftsland, Gefühl der Unsicherheit beim Reisen mit dem alten Pass, keine Rückkehrabsicht beziehungsweise -möglichkeit, belastende Verpflichtungen im Herkunftsland/Umgehung rechtlicher Probleme, Ermöglichung längerer Aufenthalte im Herkunftsland.

Bei fast allen Interviewpartnern wird »eine Mehrzahl von Motiven mit unterschiedlichem Charakter« festgestellt, wobei sich die Kategorie, die als »instrumentelle Motive« (1. und 2.) zusammengefasst werden, als die relevanteste erweise. Als »instrumentell« definiert Wunderlich die pragmatischen Aspekte, die bei der Entscheidung für die Antragstellung im Vordergrund stehen. »Man will sich das Leben erleichtern und bestimmte, immer wieder auftretende Probleme im Herkunfts- wie im Aufnahmeland umgehen. Die Motivgruppen ›Familie‹ und ›Zugehörigkeit‹ spielten in der Gesamtschau eine untergeordnete Rolle im Vergleich zu instrumentellen Motiven. Sie können aber im Einzelfall durchaus unter allen Motiven einer Person dominieren.«[14]

Der Entscheidungsprozess sei beeinflusst von Gedanken an den Verlust der bisherigen Staatsangehörigkeit, die Reaktionen des sozialen Umfelds, Ängste und Inanspruchnahme von Beratung durch Institutionen und/oder Privatpersonen. Dem zeitlichen Verlauf der Entscheidungsfindung entsprechend unterscheidet Wunderlich zwischen den »Zögernden«, die entweder emotional abwägen oder ängstlich sind, und den »Entschlossenen«. Letztere wiederum werden unterteilt in Pragmatiker und in Personen, bei denen sich die Gründe ansammelten und schließlich zur Entscheidung führten oder die sich aufgrund einer bestimmten Situation oder eines bestimmten Ereignisses entschieden hätten, einen Antrag zu stellen. Unter den »Entschlossenen« gibt es die noch »ganz Eiligen«, die den Einbürgerungsantrag einreichten, kaum dass sie die Voraussetzungen erfüllten. »Generell gibt es keinen zwingenden Zusammenhang, dass eine bestimmte Konstellation von Einflussfaktoren in jedem Fall eine Verzögerung oder Beschleunigung der Entscheidungsfindung mit sich bringt: So hatten zum Bespiel auch Befragte, die ihren alten Pass gerne behalten hätten, einen kurzen Entscheidungsprozess, und umgekehrt.«[15]

---

[14] Wunderlich, Seite 123ff.

[15] Wunderlich, Seite 141.

Als Einflussfaktoren im Entscheidungsfindungsprozess nannten die Befragten unter anderem den Verlust der bisherigen Staatsangehörigkeit, die Einstellung der Familie und des Freundeskreises, Ängste, die Einbürgerungskriterien nicht zu erfüllen.

Unterschiedlich äußerten sie sich zu ihren Gefühlen beim Vollzug der Einbürgerung. Wunderlich teilt die Befragten in fünf Gruppen auf: a) spontane positive Gefühle (lang gehegter Wunsch ist in Erfüllung gegangen, Hochgefühl, Aufgeregtheit, Stolz, Grund zum Feiern); b) nachhaltig positive Gefühle (Dankbarkeit, Gefühl der Befreiung von Zweifeln, Erleichterung, etwas abgeschlossen zu haben, Gefühl, dazu zu gehören [Akzeptanz], noch mehr Respekt für den Staat, endlich Klarheit); c) emotional neutral/nichts Besonderes; d) spontane negative Gefühle (Enttäuschung über unfeierlichen Verlauf, Zugehörigkeitskonflikt); e) nachhaltig negative Gefühle (Unsicherheit über neue Rechte und Pflichten, Verbitterung über Verfahrensverlauf).

Einbürgerungsvoraussetzungen

»Deutscher im Sinne dieses Gesetzes ist, wer die deutsche Staatsangehörigkeit besitzt.«

(§ 1, Staatsangehörigkeitsgesetz)

So eindeutig wie der erste Paragraph des Staatsangehörigkeitsgesetzes sind darauffolgende Passagen nicht mehr. Ohne entsprechende Verwaltungsvorschriften tragen die Gesetzestexte nicht zwangsläufig zur Klärung bei. Klar ist, dass ein Kind deutscher Eltern automatisch die deutsche Staatsangehörigkeit bekommt. Wie aber kommt jemand, der nicht als Kind einer deutschen Mutter oder eines deutschen Vaters zur Welt gekommen ist, zur deutschen Staatsangehörigkeit? Diese Frage lässt sich mit wenigen Sätzen beantworten, sofern es sich auf einen Ausländer mit einer »einfachen« Biographie bezieht. Es gibt jedoch etliche Einbürgerungswillige mit komplizierten Lebensumständen; sie stoßen an Grenzen von Paragraphen – der der Bundesrepublik und der ihres Herkunftslandes.

Wer kann wie wann Deutscher werden? Die folgenden Ausführungen beziehen sich auf die Frage, ohne jedoch auf Details einzugehen. Die formalen Voraussetzungen sind im Einzelfall zu prüfen. Eine Beratung bei der zuständigen Einbürgerungsbehörde ist auf jeden Fall sinnvoll.

Grundzüge des Staatsangehörigkeitsrechts
Das Staatsbürgerschaftsrecht, das seit 1. Januar 2000 gilt, ist um das Territorialprinzip (Jus Soli) ergänzt worden. Zuvor galt lediglich das Abstammungsprinzip (Jus Sanguinis). Deutscher wird ein Kind seit der Gesetzesreform entweder nach dem Abstammungs- oder nach dem Territorialprinzip. Das *Abstammungsprinzip* gilt nach § 4 Absatz 1 StAG, wenn ein Kind einen Elternteil mit deutscher Staatsangehörigkeit hat. Sofern nur der Vater deutscher Staatsangehöriger ist und nicht mit der Mutter verheiratet ist, bedarf es einer nach deutschen Gesetzen wirksamen Anerkennung oder Feststellung der Vaterschaft. Ein solches Verfahren muss vor der Vollendung des 23. Lebensjahrs eingeleitet werden. Kinder binationaler Eltern haben oftmals die Staatsangehörigkeit beider Elternteile. Für sie gilt das Optionsmodell nicht. Sie können dauerhaft beide Staatsangehörigkeiten behalten.

Hier geborene Kinder erhalten über das *Territorialprinzip* (Geburtsortprinzip) automatisch – also ohne Antrag – die deutsche Staatsangehörigkeit, auch wenn beide Elternteile nicht die deutsche Staatsangehörigkeit besitzen, aber ein Elternteil seit mindestens acht Jahren rechtmäßig in Deutschland lebt. Das Territorialprinzip gilt für Kinder ausländischer Eltern, die eine EU-Aufenthaltserlaubnis oder eine Niederlassungserlaubnis haben oder freizügigkeitsberechtigte Unionsbürger, gleichgestellte Staatsangehörige eines Staates des Europäischen Wirtschaftsraumes (Island, Liechtenstein, Norwegen) oder freizügigkeitsberechtigte Schweizer sind. Mit 18 Jahren müssen sich von diesem *Optionsmodell* betroffene Doppelstaatler für eine Staatsangehörigkeit entscheiden. Bis spätestens zur Vollendung ihres 23. Lebensalters haben Betroffene den deutschen Behörden nachzuweisen, dass sie aus der ausländischen Staatsangehörigkeit entlassen worden sind. Erfolgt dieser Nachweis nicht, verlieren sie die deutsche Staatsangehörigkeit. Ausgenommen von dieser Verpflichtung sind diejenigen, die einen »Anspruch« auf Hinnahme ihrer anderen Staatsangehörigkeit besitzen (Spiegelbild zur Einbürgerung – Ausnahmen wie in § 12 StAG).

Erfüllen Ausländer bestimmte *Voraussetzungen*, haben sie einen Anspruch auf die Einbürgerung oder können über die Ermessungseinbürgerung deutsche Staatsangehörige werden. Der Antragsteller hat »ausreichende Kenntnisse« der deutschen Sprache nachzuweisen, er darf keine Straftaten begangen haben, die ein bestimmtes Straßmaß überschreiten, muss sich zu den Grundsätzen des Grundgesetzes bekennen (Verfassungstreue) und seinen Lebensunterhalt ohne Inanspruchnahme von Sozialhilfe und Arbeitslosengeld II bestreiten oder gegebenenfalls nachweisen, dass er diese Leistungen nicht aus selbstverschuldeter Ursache bezieht; davon ausgenommen sind bislang Antragsteller unter 23 Jahren. Außerdem muss der Antragsteller bereit sein, seine bisherige Staatsangehörigkeit aufzugeben. Die Mehrstaatigkeit wird, bei Angehörigen bestimmter EU-Länder und Personengruppen hingenommen.

Die Anspruchseinbürgerung nach § 10 des StAG trifft für Personen zu, die seit mindestens acht Jahren mit legalem Aufenthaltstatus in Deutschland leben; hat ein Antragsteller erfolgreich an einem Integrationskurs teilgenommen, verkürzt sich für ihn die Mindestaufenthaltsdauer um ein Jahr. Jugendliche können ab dem 16. Lebensjahr selbstständig – und ohne Zustimmung der Eltern – einen Antrag auf Einbürgerung stellen. Vor dem 18. Lebensjahr besteht die Möglichkeit, mit den Eltern eingebürgert zu werden.

Ein Ausländer kann auch über die *Ermessenseinbürgerung nach § 8 des StAG* deutscher Staatsangehöriger werden. Die Einbürgerung beruht auf einer Entscheidung der Behörde. »Das Bundesverwaltungsamt kann ausnahmsweise einbürgern, wenn ein staatliches Interesse an der Einbürgerung besteht«, heißt es dazu offiziell. Dies gilt etwa im Fall von Spitzensportlern. Einen Antrag auf Ermessungseinbürgerung können Personen stellen, die erst seit sechs Jahren rechtmäßig im Bundesgebiet leben, asylberechtigt oder staatenlos sind.

Der Antragsteller muss eine *Loyalitätserklärung* abgeben. Damit bekennt er sich zur freiheitlichen demokratischen Grundordnung und erklärt gleichzeitig, keine verfassungsfeindlichen Bestrebungen zu verfolgen oder zu unterstützen. Diese Erklärung wird über die Regelanfrage beim Verfassungsschutz überprüft.

Für Ehegatten oder eingetragene gleichgeschlechtliche Lebenspartner von Deutschen besteht nach *§ 9 des StAG* die Möglichkeit, schon nach einem rechtmäßigen und gewöhnlichen Aufenthalt von drei Jahren eingebürgert zu werden, sofern sie die oben genannten Voraussetzungen erfüllen. Die Ehe beziehungsweise Lebenspartnerschaft muss zum Zeitpunkt der Antragstellung schon mindestens zwei Jahre bestehen.

Der *rechtmäßige Aufenthalt* besteht, wenn der Antragsteller eine Aufenthaltserlaubnis oder Niederlassungserlaubnis hat oder eine Bestätigung der Ausländerbehörde vorlegen kann, dass die Voraussetzungen der Freizügigkeitsverordnung nach EU-Recht erfüllt sind. Der Ehegatte und die minderjährigen Kinder des Ausländers können auch dann eingebürgert werden, wenn sie noch nicht seit acht Jahren rechtmäßig hier leben. Für die miteinzubürgernden Ehegatten ist ein vierjähriger rechtmäßiger Aufenthalt in Deutschland und ein zweijähriger Bestand der Ehe ausreichend.

Für die Einbürgerung fällt eine *Gebühr* an. Diese beträgt bundesweit einheitlich 255 Euro für einen Antragsteller – auch für Minderjährige ab 16 Jahren, die selbstständig die Einbürgerung beantragen. Für minderjährige Kinder ohne eigenes Einkommen, die zusammen mit ihren Eltern oder einem Elternteil eingebürgert werden, sind je 51 Euro zu entrichten. In puncto Gebühren gehen die Bundesländer bislang unterschiedlich vor: Während beispielsweise in Hessen die Zahlungsaufforderung mit dem positiven Einbürgerungsantrag erfolgt, ist in Nordrhein-Westfalen die Hälfte der Verwaltungsgebühr bereits bei Antragstellung zu zahlen. Bei Ablehnung oder Rücknahme von Einbürgerungsanträgen können die Behörden 75 Prozent (rund 191 Euro) des Gebührenssatzes erheben.

Zwar ist in § 10 StAG festgeschrieben, dass die Einbürgerung an die Aufgabe der bisherigen Staatsangehörigkeit geknüpft ist, der Gesetzgeber lässt aber nach § 12 StAG unter bestimmten Umständen die *Mehrstaatigkeit* zu. So erhalten beispielsweise Spätaussiedler und ihre Familienangehörige die deutsche Staatsangehörigkeit nach § 7 StAG kraft Gesetzes mit Ausstellung der Spätaussiedlerbescheinigung, ohne dass sie die bisherige Staatsangehörigkeit aufgeben müssen. Die Mehrstaatigkeit wird hingenommen, wenn nach den Gesetzen des ausländischen Staates keine Ausbürgerung möglich ist oder der ausländische Staat die Entlassung verweigert[16], die Entlassung aus der Staatsangehörigkeit aus Gründen versagt, für die der Ausländer nicht verantwortlich ist. Dies gilt auch, wenn die Entlassung an »unzumutbare Bedingungen«[17] geknüpft ist oder über den vollständigen und formgerechten Antrag nach mehr als zwei Jahren immer noch nicht entschieden wurde. Mehrstaatigkeit wird auch hingenommen, wenn die Ausbürgerung aus der bisherigen Staatsangehörigkeit von der Leistung des Wehrdienstes abhängig gemacht wird, der Antragsteller jedoch in deutsche Lebensverhältnisse und in das wehrpflichtige Alter hineingewachsen ist.

Mehrstaatigkeit ist für Staatsangehörige eines Mitgliedstaates der Europäischen Union möglich, mit dem faktisch Gegenseitigkeit besteht. Gegenseitigkeit bedeutet in diesem Zusammenhang, dass der EU-Staat bei einer Einbürgerung eines Deutschen in seinen Staatsverband nicht auf der Aufgabe der deutschen Staatsangehörigkeit besteht. Zu Mehrstaatigkeit heißt es in einer *Stellungnahme des Bundesinnenministeriums*: »Mit dem Gesetz zur Reform des Staatsangehörigkeitsrechts vom 15. Juli 1999 hatte der Bundesgesetzgeber in § 87 Abs. 2 des Ausländergesetzes (AuslG) – seit 1. Januar 2005 § 12 Abs. 2 des Staatsangehörigkeitsgesetzes (StAG) – im Hinblick auf das Ziel der fortschreitenden europäischen Integration eine spezielle Regelung getroffen, die das deutsche öffentliche Interesse an der Einbürgerung von in Deutschland lebenden Staatsangehörigen aus anderen EU-Mitgliedstaaten ausdrücklich über das allgemeine Ziel der Vermeidung von Mehrstaatigkeit stellt. Bei Unionsbürgern wird seit dem 1. Januar 2000 nicht mehr verlangt, dass sie vor der Einbürgerung in Deutschland ihre bisherige Staatsangehörigkeit aufgeben, wenn der andere EU-Mitgliedstaat im Gegenzug bei Einbürgerung von Deutschen ebenso verfährt. Deutschen, die sich in einem EU-Mitgliedstaat einbürgern lassen, wird über eine Genehmigung nach § 25 Abs. 2 des Staatsangehörigkeitsgesetzes gestattet, die deutsche Staatsangehörigkeit beizubehalten.

Mit der Neufassung dieser Vorschrift zum 1. Januar 2000 hatte der Bundesgesetzgeber die zuvor als zu restriktiv empfundene Praxis mit der erklärten Absicht geändert, im Ausland lebenden Deutschen bei Erwerb der Staatsangehörigkeit des Aufenthaltsstaates die Beibehaltung ihrer deutschen Staatsangehörigkeit zu erleichtern. Nachdem die in § 12 Abs. 2 StAG verlangte Gegenseitigkeit zunächst bei Griechenland, Großbritannien, Irland, Portugal und Schweden bestanden hatte, ist sie infolge der deutschen Kündigung des »Europaratsübereinkommens über

---

[16] Das trifft für Afghanistan, Algerien, Eritrea, Iran, Kuba, Libanon, Marokko, und Syrien zu.

[17] Etwa wenn die Ausbürgerungsgebühr mehr als 1280 Euro beträgt. Erst wenn diese Grenze überschritten wird und das monatliche Bruttoeinkommen nicht höher als 1280 Euro beträgt, greift die Ausnahmeregelung.

die Verringerung der Mehrstaatigkeit und über die Wehrpflicht von Mehrstaatern« vom 6. Mai 1963 mit Ablauf des 22. Dezember 2002 auch in Bezug auf Frankreich, Belgien und Italien gegeben, mit den Niederlanden nur in Bezug auf bestimmte Personengruppen.

Zuvor war nach Artikel 1 Abs. 1 des Übereinkommens beim Antragserwerb der Staatsangehörigkeit einer Vertragspartei die Staatsangehörigkeit einer anderen Vertragspartei verloren gegangen. Mit Änderung seines Staatsangehörigkeitsrechts zum 1. Juni 2003 gehört auch Finnland zum Kreis der Staaten, mit denen Gegenseitigkeit besteht. Mit ihrem Beitritt zum 1. Mai 2004 besteht auch zu den EU-Mitgliedstaaten Polen, Ungarn, Slowakische Republik, Malta und Zypern Gegenseitigkeit; mit Slowenien nur in Bezug auf bestimmte Personengruppen. Bei den zum 1. Januar 2007 beigetretenen EU-Mitgliedstaaten Bulgarien und Rumänien liegt nur in Bezug auf Rumänien Gegenseitigkeit vor. Derzeit bürgern nur Dänemark, Estland, Lettland, Litauen, Luxemburg, Österreich, Spanien und die Tschechische Republik Deutsche nicht unter Fortbestehen ihrer deutschen Staatsangehörigkeit ein, so dass bei der Einbürgerung von deren Staatsangehörigen in Deutschland die in § 12 Abs. 2 StAG vorgesehene generelle Hinnahme von Mehrstaatigkeit nicht greift. Dem Luxemburger Parlament liegt ein Gesetzesantrag vor, künftig generell Mehrstaatigkeit zuzulassen.

Aufgrund einer abweichenden Auslegung des § 12 Abs. 2 AuslG durch Behörden des Freistaates Bayern und des Landes Baden-Württemberg war es dort zu Irritationen bei der Einbürgerung von Unionsbürgern gekommen. Das Bundesverwaltungsgericht hat in seiner Entscheidung vom 20. April 2004 die Auffassung der Bundesregierung bestätigt und den Weg für eine bundesweit einheitliche Einbürgerungspraxis, die den europapolitischen Zielsetzungen Deutschlands gerecht wird, freigemacht. Bayern behält sich jedoch weiterhin vor, zusätzlich eigenständig prüfen zu wollen, ob die EU-Mitgliedstaaten, die Gegenseitigkeit per Verbalnote gegenüber der Bundesregierung bestätigt haben, dies in ihrer Staatspraxis auch tatsächlich umsetzen. Bemühungen der Bundesregierung, auf Bayern einzuwirken, sich der bewährten Praxis aller übrigen Bundesländer anzuschließen, sind bisher erfolglos geblieben.«[18]

Deutsche Staatsangehörige müssen sich zuvor eine so genannte Beibehaltungsgenehmigung einholen; diese erst erlaubt, eine fremde Staatsangehörigkeit zu erwerben, ohne die deutsche zu verlieren.

Ein Streitpunkt in der Diskussion um das Staatsangehörigkeitsgesetz war immer wieder die Frage nach den *Sprachkenntnissen*. Mit den erst 2005 herausge-

---

[18] Stellungnahme des Bundesinnenministeriums, Januar 2007.

gebenen Allgemeinen Verwaltungsvorschriften zum Staatsangehörigkeitsrecht hat das Bundesinnenministerium definiert, was unter »ausreichende Kenntnisse der deutschen Sprache« zu verstehen ist. Diese liegen vor, »wenn sich der Einbürgerungsbewerber im täglichen Leben einschließlich der üblichen Kontakte mit Behörden in seiner deutschen Umgebung sprachlich zurechtzufinden vermag und mit ihm ein seinem Alter und Bildungsstand entsprechendes Gespräch geführt werden kann. Dazu gehört auch, dass der Einbürgerungsbewerber einen deutschsprachigen Text des alltäglichen Lebens lesen, verstehen und die wesentlichen Inhalte mündlich wiedergeben kann. Die Fähigkeit, sich auf einfache Art mündlich verständigen zu können, reicht nicht aus. Bei den Anforderungen an die deutsche Sprachkenntnisse ist zu berücksichtigen, ob sie von den Einbürgerungsbewerbern wegen einer körperlichen oder geistigen Krankheit oder Behinderung nicht erfüllt werden können«. Die Einbürgerungsbehörde prüft, ob die Sprachkenntnisse ausreichen. Sie gelten als nachgewiesen, wenn der Antragsteller eine Bescheinigung über die Teilnahme an einem Deutschkurs im Rahmen eines Integrationskurses vorlegt, das Zertifikat Deutsch oder ein gleichwertiges Sprachdiplom erworben hat, vier Jahre eine deutschsprachige Schule mit Erfolg besucht hat, einen Hauptschulabschluß oder wenigstens einen gleichwertigen deutschen Schulabschluss erworben hat, in die zehnte Klasse einer weiterführenden deutschsprachigen Schule versetzt worden ist oder ein Studium an einer deutschsprachigen Hochschule oder Fachhochschule oder eine deutsche Berufsausbildung erfolgreich abgeschlossen hat.[19]

Wenn der Antragsteller keinen der oben angeführten Nachweise erbringen kann, dann prüft die Einbürgerungsbehörde die Sprachkenntnisse. Der Antragsteller muss einen »deutschsprachigen Text des alltäglichen Lebens lesen, verstehen und dessen wesentlichen Inhalt wiedergeben können.«

---

[19] Vorläufige Anwendungshinweise des Bundesinnenministeriums zum Staatsangehörigkeitsgesetz vom 15. Februar 2005, Punkt 8.1.2.1.1 (Seite 16ff).

Schärferes Gesetz, einheitliche Verwaltungsvorschriften

Ein Gespräch mit Martin Jungnickel, Leiter eines Einbürgerungsdezernates

Martin Jungnickel ist seit 1992 Leiter des Einbürgerungsdezernates beim Regierungspräsidium Darmstadt. Der 58-Jährige studierte von 1970 bis 1976 an der Universität Frankfurt Jura, arbeitete zunächst als Rechtsanwalt und trat 1980 die juristische Verwaltungslaufbahn beim Regierungspräsidium Darmstadt an.

Verschärfung des Einbürgerungsrechts

Bei der Innenministerkonferenz im Mai 2006 ist einiges mit weitreichenden Folgen für die Kundschaft beschlossen worden. Es wird, sofern diese in einem Gesetz münden, eine Verschärfung des Einbürgerungsrechts geben. Die Sprachkenntnisse werden höher gesetzt, und es kommt der Einbürgerungskurs hinzu. Nach dem neuen Gesetz werden noch weniger Migranten die Hürden schaffen. Es wird wahrscheinlich eine Stichtagsregelung geben, wie wir sie mit der Reform des Staatsbürgerschaftsrechts 2000 auch hatten. Vermutlich wird es der Tag sein, an dem das Gesetz zur ersten Lesung in den Bundestag eingebracht wird. Anträge bis zu diesem Zeitpunkt werden nach dem alten – günstigeren – Recht bearbeitet, und alles, was danach kommt, nach neuem Recht.

Der Einbürgerungskurs

Wahrscheinlich wird der Kurs aus dem Einbürgerungsverfahren ausgelagert werden – der Kunde muss dann bei der Behörde die Leistungsnachweise vorlegen. Einen Antrag zu stellen wird auch aus finanzieller Hinsicht abschrecken, denn der Kunde muss neben den bislang anfallenden Gebühren sowohl den Einbürgerungskurs als auch den Test selbst bezahlen. Wer diesen Kurs mit anschließender Prüfung und den Deutschtest machen muss oder wer davon befreit werden kann, wird von den Verwaltungsvorschriften abhängen. Antragsteller mit entsprechenden Nachweisen – etwa Mittlere Reife, Abitur und Hochschulstudium – werden wohl nicht geprüft werden. Das Gros unserer Kundschaft gehört aber nicht zu diesen Gruppen.

Verwaltungsvorschriften

Das Problem bisher war ja, dass wir ein Bundesgesetz hatten, dessen Ausführung aber Länderhoheit war. Wir hatten keine eindeutigen Verwaltungsvorschriften, und wenn Lücken sind, dürfen die Länder sie ausfüllen. Die Vorschriften sind unterschiedlich ausgelegt worden – beispielsweise hinsichtlich der Deutschkenntnisse. Es gab so ein Nord-Süd-Gefälle in der Republik. Bayern und Baden-Württemberg waren bisher strenger, Hessen lag in der Mitte und im Norden war es für Antragsteller leichter. Mit dem Urteil des Bundesverwaltungsgerichts im Oktober 2005 war das ausgestanden – auch wenn es fünf Jahre gedauert hat, bis das Bundesverwaltungsgericht festlegte, was ausreichende Deutschkenntnisse sind. Bis zu diesem Urteil konnte jedes Bundesland behaupten, zu wissen, was ausreichende Deutschkenntnisse sind.

Jetzt bekommen wir ein neues Gesetz mit verschärften Bedingungen – damit ist das Urteil des Bundesverwaltungsgerichts nichts mehr wert. Es wird per Gesetz festgelegt und definiert, was ausreichende Deutschkenntnisse sind. Da steht unter anderem: »Orientiert am Niveau B1 Ge Germany«. Dieses Niveau bedeutet auf jeden Fall höhere Anforderung als die inhaltliche Wiedergabe eines Zeitungsartikels. Es beinhaltet mit Sicherheit einen schriftlichen Test. Was »Niveau B1 Ge Germany« im Einzelnen bedeutet, weiß ich noch nicht. Es soll einheitliche Verwaltungsvorschriften geben, die durch den Bundesrat gehen und somit für die Länder bindend werden. Insofern dürfte es künftig keine Unterschiede mehr zwischen den Bundesländern geben.

Politische Entscheidung, keine Verwaltungsentscheidung

Es ist eine politische Entscheidung, mehr Deutschkenntnisse abzuverlangen. Das ist keine Verwaltungsentscheidung. Das darf der Gesetzgeber natürlich machen. Mit dem neuen Gesetz kommt eine Verschärfung, die letztlich darauf zurückgeht, dass der Gesetzgeber keine Extremisten, keine Grundgesetzfeinde einbürgern möchte. Ich meine, dass das Einbürgerungsrecht an allerletzter Stelle geeignet ist, Fragen von Kulturkampf, Terrorismus und Integration zu regeln und zu entscheiden. Dafür sind ganz andere Weichenstellungen nötig. Das Einbürgerungsrecht als letzte Auffangbastion zu nehmen, halte ich für falsch. Im Übrigen macht es meiner Ansicht nach keinen Unterschied, ob jemand, der Schlimmes anrichtet, noch Ausländer oder schon Deutscher ist. Natürlich kann dieser Ausländer abgeschoben werden. Wenn aber Probleme in Deutschland entstehen, dann sollten diese Probleme auch hier gelöst werden.

Vorstrafen – kumuliert und reduziert

Bei den Vorstrafen sind sich die Praktiker – unabhängig von den Ideologien – einig, dass die Hürden bisher recht günstig waren. Die Tagessätze sind um die Hälfte reduziert worden, und sie werden künftig kumuliert. Was Erwachsenenstrafen betrifft, war das alte Gesetz nachsichtiger. Ein halbes Jahr Freiheitsstrafe auf Bewährung: Das war kein Hindernis für eine Einbürgerung. Wer sich auskennt, weiß, dass man ganz schön was anstellen muss, um solch eine Strafe zu bekommen. Das wird auf drei Monate festgesetzt – damit sinken auch die Tagessätze von 180 auf 90. Wenn auf dem Auszug aus dem Bundeszentralregister die Strafen aufgelistet waren, und jede einzelne Strafe unter der festgelegten Grenze von 180 Tagessätzen lag, dann bestand ein Anspruch auf Einbürgerung. Künftig soll es aber so sein, dass die Straftaten zusammengezählt werden. Wenn also auf Grund mehrerer Straftaten die festgesetzte Grenze von 90 Tagessätzen überschritten ist, besteht kein Anspruch mehr auf Einbürgerung. So werden einige mehr an dieser Hürde scheitern.

Das Recht verschärft sich hinsichtlich der Jugendstrafen sehr – das war bislang anders. Es gibt Tilgung nach fünf oder nach zehn Jahren; somit ist eine Vorstrafe kein lebenslanger Ausschlussgrund. Aber die Tilgungsfristen werden so gesetzt, dass auch alte Straftaten berücksichtigt werden, wenn die Verjährungsfrist nicht abgelaufen ist. Kommt eine neue Straftat hinzu, wird die alte mitgezählt. Wenn also eine Straftat von 2000 vorliegt, die fünf Jahre später verjährt wäre, und kurz zuvor kommt eine neue Straftat hinzu, dann wird die alte Straftat mitgerechnet.

Bekenntnis zur freiheitlich-demokratischen Grundordnung

Zu der Regelanfrage beim Verfassungsschutz kommt hinzu, dass auch der Kunde nunmehr »positiv mitwirken« muss bei dieser Prüfung, und zwar in der Weise, dass er auf die Frage nach der Mitgliedschaft in bestimmten Organisationen antworten muss. Macht er das nicht, wird aus diesem Grund sein Antrag abgewiesen. Im Paragraph 11 steht, dass es ein Ausschlussgrund ist, wenn »tatsächliche Anhaltspunkte die Annahme rechtfertigen, dass das Bekenntnis des Ausländers zur freiheitlichen demokratischen Grundordnung des Grundgesetzes für die Bundesrepublik Deutschland nicht glaubwürdig ist, und diese auch in einem Gespräch nicht ausgeräumt werden können«. Meist ist es so, dass die Zweifel aus bestimmten Erkenntnissen erwachsen – ob diese begründet sind oder nicht, muss geprüft werden. Wenn aber Grundwerte gegenübergestellt werden, dann wird schwer zu entscheiden sein, ob der Antragsteller zur freiheitlich-demokratischen Grundordnung steht oder nicht.

Ein Beispiel: Jemand ist nach seinem Glauben und nach seinem Heimatrecht mit zwei Frauen verheiratet; ansonsten gibt es keinerlei Hinweise gegen diese Person, also keine Mitgliedschaft in einer zweifelhaften Organisation. Die Frage ist jetzt, ob die Ehe mit zwei Frauen ein »tatsächlicher Anhaltspunkt« dafür ist anzuzweifeln, ob dieser Mensch auf dem Boden des Grundgesetzes steht. Wie kann ich diese Frage in einem Gespräch klären, in dem ich zu überprüfen habe, ob der Antragsteller zur freiheitlich-demokratischen Grundordnung steht? Ich wüsste es nicht.

Ein anderes Beispiel: Wie sieht es mit einer Person aus, die schächtet? Nach dem Tierschutzgesetz ist das verboten, auf der anderen Seite gewährt das Grundgesetz die Religionsfreiheit. Wenn ich als Behördenmitarbeiter weiß, dass diese Person schächtet, dann müsste ich die Frage aufgreifen, ob dieser Mensch auf dem Boden des Grundgesetzes steht. Ich muss also sehr darüber nachdenken, was tatsächliche Anhaltspunkte sind und wie ich diese im Gespräch mit dem Antragsteller erörtern könnte.

Aus der Verwaltungsperspektive stelle ich fest, dass es in der Praxis sehr schwer wird, die Glaubwürdigkeit zu prüfen. Alles, was ich nicht messen kann und nicht objektiv prüfbar ist, alles, was einer Wertung, Einschätzung unterliegt, wird schwer überprüfbar sein. Es wird daher unterschiedliche Praxis in den Bundesländern geben – sogar von Behörde zu Behörde wird es mit Sicherheit unterschiedlich gehandhabt werden. Denn die Beurteilung ist so eng mit der persönlichen Einschätzung und dem Hintergrund des Behördenmitarbeiters verbunden. Das ist einfach so. Das ist bei allen Einschätzungen so (...) Wie wir diese Vorschrift handhabbar, justiziabel machen sollen weiß ich nicht. Da hat der Gesetzgeber uns einen schwierigen Auftrag zugeschoben. Der Gesetzgeber will, dass jeder Ansatz von »Nicht-auf-dem-Grundgesetz-stehen« zur Ablehnung der Einbürgerung führt: In dieser Weise verstehe ich den Gesamttenor des Entwurfes. Früher war der Tenor anders. »Wir wollen Einbürgerung, wir wollen, dass die Migration, beginnend mit der Gastarbeitergeneration, zu einem staatsangehörigkeitsrechtlichen Abschluss gelangt«, so war die Richtung des 2000 reformierten Gesetzes. Die Idee von »Einbürgerungsoffensiven« und »erleichterter Einbürgerung« wird ad acta gelegt.

Reaktion auf Ablehnung von Einbürgerungsanträgen

Im Regierungsbezirk Darmstadt gibt es pro Jahr 60 bis 70 Klagen gegen die Einbürgerungsabsage – davon sind etwa zehn bis 15 wegen Ausschlussgründen, also Verstoß gegen die freiheitlich-demokratische Grundordnung. Der Rest wird wegen mangelnder Deutschkenntnisse, Vorstrafen oder fehlender eigener Unterhaltssicherung abgelehnt. Unser Einwand bei Unterhaltssicherung ist nicht, dass sie nicht vorliegt, sondern dass der Bewerber sich nicht ausreichend darum kümmert, aus dieser Situation rauszukommen. Wir verlangen durchaus, dass Bewerbungen geschrieben und diese uns auch vorgelegt werden, damit wir sehen, ob sich derjenige wirklich auch darum kümmert, eine Anstellung zu bekommen. Im Gesetz steht ja, dass der Antragsteller für seinen Unterhalt selbst aufkommen muss, und wenn er das nicht kann und Sozialleistungen bekommt, dann muss ersichtlich sein, dass dies nicht aus selbstverschuldetem Grund erfolgt. Auch das zu prüfen, ist für uns aus der Verwaltung nicht einfach.

Ein Beispiel: Jemand hat 20 Jahre bei einer Firma gearbeitet, die Firma geht in Konkurs, der Mitarbeiter wird arbeitslos und bezieht Bezüge, bewirbt sich, bemüht sich um eine neue Stelle, aber es tut sich nichts. Klare Sache, dass wir so einen Antragsteller nicht ablehnen würden.

Ein anderes Beispiel: Jemand ist als Asylbegehrender hierher gekommen und bezieht seit 15 Jahren Sozialhilfe und tut nichts dafür, dass sich an seiner Situation etwas ändert. In dieser Situation würden wir dieser Person erklären, dass er sich hätte mehr darum kümmern müssen, eine feste Arbeit zu finden. Auch eine klare Sache, solch einen Antragsteller müssen wir ablehnen.

Was wir auf keinen Fall akzeptieren können ist, wenn ein Bewerber argumentiert, seine Frau könne nichts zum Unterhalt beitragen wegen seines kulturellen Backgrounds. Wenn also der Mann arbeitet, die Frau die Kinder hütet. Das darf sie natürlich, sofern für das Einkommen gesorgt ist. Wenn aber der Mann arbeitslos wird, hat nicht nur er die Pflicht, sich um eigenes Einkommen zu kümmern, sondern auch die Frau. Wir können also nicht akzeptieren, wenn uns erklärt wird, das ist bei uns die traditionelle Aufteilung, der Mann verdient das Geld und die Frau sorgt für die Kinder. Wenn der Mann keine Arbeit findet, dann muss sich auch die Frau um eine Arbeit kümmern. Dann muss sie sonst auch putzen gehen.

Wenn Antragsteller prozessieren, die nicht akzeptieren, dass die Vorstrafe hinderlich für die Einbürgerung ist, gewinnen wir eigentlich fast immer. Bei Klagen bezüglich der Deutschkenntnisse haben wir keinen einzigen Fall verloren. Manche Richter machen selbst den Test, dann kommt schnell die Stunde der Wahrheit. Es gibt Klagen, weil Antragsteller nicht akzeptieren, dass ihre Sprachkenntnisse nicht ausreichen, aber sie sind ganz gering. Wir geben den Menschen nämlich noch weitere Chancen, stellen die Entscheidung zurück, empfehlen, einen Sprachkurs zu besuchen und wiederzukommen. Wir haben letztlich bei Rückstellung dieser Art weniger Arbeit.

Besonders schwierig wird es, wenn wegen des Ausschlussgrunds prozessiert wird. Da sagen die Gerichte auch schon mal, dass der Grund für die Ablehnung nicht ausreicht.

Mehrstaatigkeit und Antrag auf Beibehaltungsurkunde
Unter dem Strich ist Mehrstaatigkeit erlaubt, es bedarf eines Aktes der deutschen Verwaltung. Das wissen viele Menschen nicht. Viele wissen auch nicht, dass sie gar nicht mehr Deutsche sind, obwohl sie noch einen Ausweis haben, weil sie nämlich die Staatsbürgerschaft eines Landes angenommen haben, das Mehrstaatigkeit akzeptiert, ohne sich zuvor dies von deutscher Seite genehmigen zu lassen. Es ist nicht bekannt, dass bei den deutschen Behörden eine Beibehaltungsurkunde beantragt werden muss, wenn beispielsweise die belgische Staatsangehörigkeit angenommen wird. Ist die Beibehaltungsurkunde nicht ausgestellt worden, dann entfällt automatisch die deutsche Staatsangehörigkeit. Bemerkt wird das dann, wenn der Reisepass oder der Ausweis abgelaufen ist und neue Dokumente beantragt werden. Dann fragt die Behörde nämlich in einem Formular, ob noch eine weitere Staatsangehörigkeit besteht. Wenn da mit »nein« geantwortet wird, dann macht sich derjenige strafbar. Irgendwann kommt das raus.

Ein ganz großer Problembereich ist der Paragraph 25, in dem es um den Erwerb der ausländischen Staatsangehörigkeit geht; damit werden wir noch eine Zeit lang zu tun haben. Ich hätte mir gewünscht, dass für die Ausgebürgerten, betroffen sind ja vor allem türkischstämmige, eine Übergangsregelung geschaffen wird, damit es nicht wie ein Fallbeil von einem Tag auf den anderen wirkt – mit schwierigen Folgen auch für die Verwaltung, weil wir ja jeden Fall einzeln prüfen müssen. Ich hätte mir auch gewünscht, dass eine Beibehaltungsgenehmigung auch »heilend«, also auch nachträglich erteilt wird. Es gibt Fälle, in denen nach der Annahme der Staatsangehörigkeit der Beibehaltungsantrag gestellt wird, das geht natürlich nicht.

Doppelstaatler – Verlust der deutschen Staatsbürgerschaft
Es gab immer schon eine sehr begründete Vermutung, dass Eingebürgerte aus bestimmten Ländern sich im Nachhinein noch mal den Pass ihres Herkunftslandes geholt haben. Alle die das nach der Reform des Gesetzes, also nach dem 1. Januar 2000, beantragt haben, sind keine Deutschen mehr; es gibt gewiss zigtausende Menschen, die die Ausbürgerung betrifft. Die meisten denken, das kommt schon nicht raus. Deutsche Behörden können in der Türkei beispielsweise nicht nachfragen, das Land rückt keine Liste der wieder Eingebürgerten raus. Die Betroffenen sollten sich davor hüten zu denken, das sitze ich aus, das kommt mit Sicherheit nicht raus. Irgendwann fliegt das auf. Ich kann den Betroffenen immer nur sagen, wie man das wieder gerade biegen kann: nämlich einen neuen Antrag auf Einbürgerung stellen, der Anspruch besteht ja weiterhin. Ein Problem wird es auch für Kinder. Welchen Rechtsstatus haben sie, wenn sie Kinder von Eltern sind, deren Staatsangehörigkeit verloren gegangen ist?

Einbürgerung in würdigem Rahmen

Bei der Aushändigung der Urkunde im feierlichen Rahmen soll ein Eid oder das Bekenntnis zur freiheitlich-demokratischen Grundordnung ausgesprochen werden. Der Gesetzgeber will weg vom nüchternen Verwaltungshandeln und hin zu einem Akt, der der Bedeutung der Einbürgerung gerecht wird. Das ist gut und wichtig. In der Praxis war es bislang so, dass wichtige Dinge aufgrund pragmatischer Rahmenbedingungen nicht beachtet werden konnten. Es wird aber auch mit dem »feierlichen Rahmen« ein Problem geben. Wie soll das in Städten mit hohen Einbürgerungszahlen geschehen? Das Gesetz will ja, dass jedem Einzelnen die Urkunde im würdigen Rahmen übergeben wird. Es ist aber nicht – wie es in den USA zur Praxis gehört – daran gedacht, dass es eine Großveranstaltung gibt, wo alle Einzubürgernden die Hand hochheben und im Chor den Eid aussprechen. Wie das im Einzelnen ablaufen soll, ist noch nicht bekannt. Es kursiert das Stichwort »nach Standesamtkriterien«, also es soll nicht am Schreibtisch des Beamten erfolgen, und es soll keine Massenabfertigung sein. Wenn dem Eid eine rechtliche Bedeutung zugemessen werden soll, dann darf es keine Massenveranstaltung sein. Es muss noch darüber nachgedacht werden, wie das praktisch gehändelt werden soll. Denn der Beamte soll ja auch vermerken, dass der Eingebürgerte den Eid nachgesprochen hat.

Willkommensgruß und Eid

Die Stimme am anderen Ende der Telefonleitung klingt verwundert. »Einbürge-rungsfeier?« Von »so etwas« hat die Sekretärin in der Pressestelle des sächsischen Innenministeriums »noch nie gehört«. Sie will aber gerne nachfragen. Die Erkun-digungen ergeben, dass Sachsen seit zwei Jahren zum »Fest der Eingebürgerten« einlädt. »Es gibt da einen feinen Unterschied«, erklärt der Sprecher der Auslän-derbeauftragten des Sächsischen Landtags. Eine feierliche Übergabe der Einbür-gerungsurkunde sei etwas anderes als eine nachträgliche Feier für Eingebürgerte. Da in Sachsen das Dokument nicht in einer besonderen Zeremonie ausgehändigt werde, lade die Ausländerbeauftragte zusammen mit dem Innenminister einmal im Jahr nach Dresden in den Landtag ein. Etwa die Hälfte der rund 500 jährlich in Sachsen eingebürgerten Personen nimmt an der Feier teil, zu der Ansprachen, Mu-sik und auch Theateraufführungen gehören. »Unser Fest kommt sehr gut an«, ver-sichert der Sprecher.

Einzubürgernde erhalten ihre Urkunde in vielen Orten der Republik in einer zumeist tristen Amtsstube. Dabei stehen vor allem formale Kriterien im Vorder-grund: Bevor der Mitarbeiter der Verwaltung das Dokument aushändigt, klärt er den »Noch-Ausländer« darüber auf, dass er mit dem Erwerb der deutschen Staats-angehörigkeit alle Rechte und Pflichten besitzt, die die Verfassung für deutsche Staatsangehörige vorsieht, dass er allerdings seine deutsche Staatsangehörigkeit »immer dann verliert, wenn er freiwillig auf Antrag eine ausländische Staatsan-gehörigkeit annimmt«. Da werden die obligatorischen Belehrungen ausgespro-chen, die Übergabe der Urkunde per Unterschrift dokumentiert und die Akte ad acta gelegt. »War das jetzt alles?«, fragt sich in solch einer Situation manch ein neuer Staatsangehöriger und fühlt sich nicht wirklich willkommen im »deutschen Staatsverband«. Weil alles so schnell gegangen ist. Weil Willkommensworte fehl-ten. Weil die Erwartung eine andere war.

Dass viele dankbar sind für Zeremonien – wenn schon nicht bei der Überga-be der Urkunden, dann doch nachträglich – bezeugt schon allein die Zahl derer, die den Einladungen zu Einbürgerungsfeiern folgen. So kamen beispielsweise in Magdeburg 73 der 83 Personen, die im Laufe des Jahres 2006 die deutsche Staats-bürgerschaft erhielten, im Dezember zum ersten Empfang der Stadt.

Die psychologische Dimension des Einbürgerungsakts galt Politikern – vor allem auf Bundesebene – lange Zeit als eine Nebensächlichkeit. Diesem Thema widmete sich die Innenministerkonferenz im Mai 2006 und fasste den Beschluss, dass Einbürgerungen nach bundeseinheitlichen Standards »in einem feierlichen Rahmen vollzogen und durch Eid oder feierliches staatsbürgerliches Bekenntnis dokumentiert« werden sollen.

Den Akt der Einbürgerung nicht im formalen Aushändigen des Dokuments belassen – das ist allerdings kein neuer Gedanke. Schon im März 1986 hatte sich der Deutsche Städtetag »für eine feierliche Gestaltung der Einbürgerung neuer deutscher Staatsangehöriger« ausgesprochen. Die Empfehlung, »bei der Einbürgerung ein dem Anlass angemessenes würdiges Verfahren zu wählen«, orientierte sich an dem Bonner Beispiel. In der damaligen Bundeshauptstadt wurden einzubürgernde Personen monatlich in das Trauzimmer des Stadthauses eingeladen, wo sie nach einer kurzen Ansprache ihre Urkunden und auch Geschenke erhielten: das Grundgesetz, die Landesverfassung und eine Schallplatte mit der Nationalhymne. Bonn gehört zu den ersten Städten, in denen Einbürgerungsurkunden im festlichen Rahmen überreicht wurden. Mittlerweile gibt es diese Zeremonie alle vier bis sechs Wochen – und das Stadtoberhaupt überreicht im repräsentativen Gobelinsaal den »neuen Bürgern« persönlich die Urkunden.

Die Einbürgerung sollte sich »nicht auf den Akt der einfachen Aushändigung eines Dokuments beschränken«: Dafür sprach sich 15 Jahre nach dem Deutschen Städtetag auch die Unabhängige Zuwanderungskommission aus. In dem 2001 veröffentlichten Bericht heißt es, dass der »Vollzug der Einbürgerung den Abschluss eines langen individuellen Entscheidungsprozesses darstellt und ein wichtiger biografischer Einschnitt ist«. Daher sei »sie es wert, feierlich in einer öffentlichen Veranstaltung begangen zu werden«.

Während sich manche Bundesländer schon vor dem Beschluss der Innenministerkonferenz für eine feierliche Übergabe der Einbürgerungsurkunde ausgesprochen und sich mit entsprechenden Empfehlungen an Städte und Kommunen gewandt hatten (Bayern im Jahre 2001, Rheinland-Pfalz im Dezember 2004 und Brandenburg im Mai 2005), zogen andere später nach. Nordrhein-Westfalen nahm die Einbürgerungsfeiern in den 20-Punkte-Aktionsplan »Integration« auf, der im Juni 2006 vorgestellt wurde. Einen Monat später wandte sich der Innenminister von Schleswig-Holstein, Ralf Stegner, mit entsprechender Empfehlung an Städte und Gemeinden. Eine schlichte Amtshandlung im Büro werde der Bedeutung der Einbürgerung nicht gerecht, schrieb er. Der SPD-Politiker stellte allerdings klar, dass er gegen einen obligatorischen Eid auf die Verfassung ist. »Wir wollen Ausländer nicht verbeamten, sondern integrieren.« Wie sein Parteifreund Stegner ist auch Holger Hövelmann, Innenminister von Sachsen-Anhalt, gegen einen Eid auf die Verfassung. Per Erlass (Juli 2006) regelte Hövelmann, dass in Sachsen-Anhalt »die Aushändigung der Urkunden einheitlich« zu erfolgen hat und die Urkunden in einer musikalisch umrahmten Feierstunde überreicht werden.

Einbürgerung im feierlichen Rahmen oder nachträgliche Einbürgerungsfeier mit Kulturprogramm und Kulinarischem? Um die Art und Weise der Amtshandlung droht schon jetzt ein Konflikt. Kaum ist der Beschluss der Innenminister bekannt geworden, meldete sich etwa der Städtetag Baden-Württemberg zu Wort und erklärte, dass er sich nicht den Rahmen für die Einbürgerungsfeier vorschreiben lassen werde. »Die Ausgestaltung sollte den Städten überlassen werden.« So lautet die Position des Verbands. Geklärt werden müsse vor allem auch, wer für die Mehrkosten aufkommen solle. Andere Städte und Kommunen brachten zum Ausdruck, dass sie sich personell und finanziell überfordert fühlten, den gewünschten feierlichen Akt auszuführen. Die Stadtverwaltung Ulm beispielsweise rechnete aus, dass der Arbeits- und Zeitaufwand für die Aushändigung der Einbürgerungsurkunde sehr hoch wäre. »Bei 250 Einbürgerungen im Jahr und einer Feierdauer von nur 15 Minuten wären dies über 60 Stunden.«

Unabhängig von zusätzlichen Kosten und Arbeitsstunden und unabhängig von Appellen und Empfehlungen zelebrieren einzelne Städte und Gemeinden schon seit einigen Jahren die Einbürgerung ihrer Bewohner. Ob der Einbürgerungsakt ein besonderes Flair bekommt oder ob er als »eine trostlose Übergabe des hellgrünen Dokuments im DIN-A4-Format« in Erinnerung bleibt: Das hing bislang vom Engagement der einzelnen Kommune ab. Wie Bonn gehört Frankfurt am Main zu den ersten Städten, die entsprechende Feiern ausrichten. Erst im Zuge der Empfehlungen von Ministern oder Bundestagsabgeordneten zogen in den vergangenen Jahren andere Kommunen nach. In Wiesbaden hat sich die Stadtverwaltung dafür entschieden, den neuen Deutschen die Ausweise auf einem Empfang zu überreichen. Beim ersten Empfang im Oktober 2005 gab es allerdings eine kleine Panne: Nicht alle eingeladenen Personen waren zur Feier gekommen, so dass es Medienberichten zufolge »peinliche Pausen« gab, wenn ein Name aufgerufen wurde, sich aber niemand meldete.

Zur feierlichen Übergabe der Urkunden lädt die Stadt Solingen seit Sommer 2006 ein – und zwar alle zwei bis drei Wochen. Eine nachträgliche Feier für Eingebürgerte veranstaltet inzwischen auch Darmstadt – erstmals kamen im Frühjahr 2006 all jene, die in den ersten Monaten des Jahres ihre Urkunden erhalten hatten, zu einem Festakt zusammen. Und im November 2006 richtete Hamburg die erste Einbürgerungsfeier aus – nachdem der Senat im Juli 2006 beschlossen hatte, als »feierlichen Abschluss einer erfolgreichen Integration« die neuen Staatsangehörigen regelmäßig zu einem Empfang in das Rathaus einzuladen.

Die feierliche Übergabe der Urkunden lässt sich in Orten, in denen sich die Zahl der Eingebürgerten in Grenzen halten, ohne großen Aufwand realisieren. In einem Landkreis wie Elbe-Elster etwa, wo jährlich gerade mal zehn Bewohner die deutsche Staatsangehörigkeit erwerben, kann der Landrat die Urkunden mit Handschlag überreichen, sich Zeit für persönliche Gespräche nehmen und sogar Blumen und andere Präsente überreichen. Anders hingegen sieht es in Großstädten aus, in denen jährlich 4.000 und mehr Einbürgerungen erfolgen.

Feierliche Übergabe von Einbürgerungsurkunden beziehungsweise Ausweisen oder ein nachträglicher Empfang für die neuen Staatsangehörigen, so unterschiedlich die Zeremonien sind, so unterschiedlich klingen die Ansprachen – auch wenn in kaum einer Rede der Hinweis auf die Bedeutung der Demokratie fehlt und kaum ein Sprecher auf den Appell an die neuen Deutschen verzichtet, aktive Staatsbürger zu sein und wählen zu gehen. Manch ein Lokalpolitiker erinnert die neuen Staatsbürger sogar an ihre Steuer- und Abgabenpflicht, Schulpflicht und Wehrpflicht. Geradezu wohltuend klingen dagegen Reden, aus denen herauszuhören ist, dass die Begrüßung »Herzlich willkommen« auch herzlich gemeint ist. Ein Beispiel sind die Worte des Darmstädter Oberbürgermeisters Walter Hoffmann (SPD), die er auf der ersten Einbürgerungsfeier im März 2006 an die Gäste richtete: »Wir wollen Ihnen mit dieser Feier ein herzliches Willkommen sagen. Und ein Dankeschön dafür, dass Sie – trotz der in Deutschland nicht geringen Hürden der Bürokratie – dran geblieben sind. (...) Ich will Ihnen herzlich gratulieren zu Ihrer Entscheidung, Deutsche zu werden. Das ist ein ungeheurer Vertrauensbeweis. Ein Vertrauensbeweis, über den wir uns sehr freuen.«

»Andere Länder appellieren stärker an die Gefühle der Zuwanderer«

Ein Gespräch mit Ulrich Schmidt-Denter über personale und soziale Identität

Professor Ulrich Schmidt-Denter ist Direktor des Lehrstuhls für Entwicklungs- und Erziehungspsychologie am Psychologischen Institut der Universität Köln. Er leitet dort u. a. das Forschungsprojekt »Personale und soziale Identität im Kontext von Globalisierung und nationaler Abgrenzung«, das sich dem Problem der Identitätswahrung widmet.

»Identität« – das Wort hören und lesen wir ständig, aber in unterschiedlichen Zusammenhängen. Was ist eigentlich Identität?
Identität beinhaltet eine Selbstdefinition, ein Konzept vom eigenen Selbst. Es entspricht einem menschlichen Grundbedürfnis, eine Antwort auf die Frage »Wer bin ich?« zu finden. Die Frage versuchen wir zu beantworten, indem wir über unsere eigene Person reflektieren. Dieser Aspekt der Identität wird als »personale Identität« bezeichnet. Es gibt noch einen weiteren Aspekt, und dieser betrifft die Fragen: »Wozu gehöre ich? Wie erlebe ich die eigene Gruppe und wie die fremden Gruppen?« Dieser Teil der Identität wird »soziale Identität« genannt. Die soziale Identität wiederum bezieht sich auf verschiedene Gruppen, in denen man eine Mitgliedschaft haben kann. So ist man etwa Mitglied einer bestimmten Familie, einer bestimmen Berufsgruppe usw. In der Regel bauen Menschen auch ein Konzept in Bezug auf die Nation auf, zu der sie gehören. Das ist dann die »nationale Identität«.

Identität ist, entnehme ich Ihrer Definition, also nicht statisch. Wenn ich beispielsweise meinen Beruf wechsle, verändert sich dadurch meine soziale Identität ...
Ja, die Identität – sowohl die personale als auch die soziale – muss eigentlich ein ganzes Leben lang immer wieder neu angepasst und überarbeitet werden. Man entwickelt sich als Persönlichkeit und wechselt unter veränderten Bedingungen die Bezugsgruppen. Allerdings haben Menschen auch das Bedürfnis, sich weiterhin als derselbe beziehungsweise dieselbe zu begreifen. Von daher kann es einen

durchaus krisenhaften Verarbeitungsprozess darstellen, sich an neue Identitäten zu gewöhnen. Wenn starke Bindungen an eine bestimmte Gruppe entwickelt wurden, kann es schwer fallen, die soziale Identität neu anzupassen.

Ich habe den Gesprächen mit Menschen, die die Staatsangehörigkeit gewechselt haben, entnehmen können, dass sich mancher sehr schwer getan hat mit der Entscheidung, andere wiederum gar nicht. Wie lässt sich solch ein Verhalten erklären?
Die Menschen unterscheiden sich in der Hinsicht, wie leicht oder wie schwer sie sich an eine neue Gruppenidentität anpassen können. Menschen aus kollektivistischen Kulturen fällt es möglicherweise schwerer als Menschen aus eher individualistischen Gesellschaften, die nationale Identität zu wechseln. Menschen aus kollektivistischen Kulturen definieren sich stärker über die Gruppe als über die eigene Person. Dies mag es erschweren, die Gruppenidentität zu wechseln. Als individualistische Kulturen werden im Wesentlichen die westlichen Kulturen bezeichnet, sie stellen das Individuum und seine Selbstbestimmung in den Mittelpunkt. Zu den kollektivistischen Kulturen zählen beispielsweise die Türkei und andere islamische Länder. Kennzeichnend für diese Länder ist, dass Gruppenwerte einen höheren Stellenwert haben und dass sich das Individuum stärker der Gruppe anpassen muss als dies in individualistischen Gesellschaften der Fall ist. Ein weiterer Aspekt spielt beim Wechsel der Identität eine Rolle: Aus vorliegenden Forschungsbefunden lässt sich schließen, dass Menschen mit einem höheren Bildungsstand eher in der Lage sind, sich neu zu orientieren und neu anzupassen sowie generell internationalistischer gesonnen sind als Menschen mit niedrigerem Bildungsstand.

Wenn ich als gebürtige Türkin die deutsche Staatsangehörigkeit annehme, wechsele ich dann zwangsläufig meine nationale Identität? Oder kann meine nationale Identität – also Türkin zu sein – bleiben?
Verschiedene Gruppenidentitäten schließen sich gegenseitig nicht zwangsläufig aus. Dies kommt in dem Begriff der binationalen Identität zum Ausdruck. Damit ist gemeint, dass man beide Länder schätzt und sich mit ihnen verbunden fühlt. Man hat nicht das Bedürfnis, das eine im Vergleich zum anderen auf- oder abzuwerten. Allerdings kann es vorkommen, dass in Abhängigkeit von bestimmten Situationen entweder das Gefühl vorherrscht, türkischer Abstammung oder deutsche Staatsbürgerin zu sein.

Ich habe mich damit arrangiert, eine Türkin mit einem deutschen Ausweis zu sein. Vielen Menschen, die in ähnlicher Situation sind, fällt der Schritt, die Staatsbürgerschaft zu wechseln, sehr schwer. Sie können sich mit diesem Land nicht so recht identifizieren. Es reicht offensichtlich nicht, den Menschen zu sagen, lasst euch einbürgern, dann habt ihr mehr Rechte. Es müsste mehr passieren. Aber was?

Der Wechsel der nationalen Identität kann durch das Aufnahmeland gefördert werden. Dies sieht man bei klassischen Einwanderungsländern wie etwa den USA. Die Integration von Zuwanderern wird durch nationale Symbolik und Rituale unterstützt, die eine Bindungsfunktion erfüllen sollen. In den USA wird behauptet, dass dadurch die Anpassung der Zuwanderer an das neue Land erleichtert werde. In Deutschland ist die Situation eher gegenteilig. Hier gehört es zum guten Ton, die eigene nationale Identität sehr kritisch und zum Teil abwertend darzustellen. Man mutet also den Migranten zu, eine unattraktiv gestaltete Gruppenidentität zu übernehmen. Es gibt wenige kollektive Bindungsrituale in Deutschland und nationale Symbolik wird sehr sparsam verwendet. Es wäre interessant zu überprüfen, ob dadurch die Integration von Migranten eher erschwert wird. Akkulturationsprozesse von frisch eingebürgerten »neuen« Deutschen werden derzeit in meinem Institut genauer untersucht.

An mir selbst habe ich eine unerwartete Reaktion festgestellt: Als ich den Brief der Einbürgerungsbehörde las, in dem mir mitgeteilt wurde, dass meine »Einbürgerung in den deutschen Staatsverband« vollzogen sei, wurde mir seltsam zumute. Mir kamen die Tränen, aber nicht vor Freude ...

Bekannt ist aus der Forschung, dass der Übergang von einer Identität zur anderen mit Persönlichkeitskrisen und mit Trauerarbeit einhergehen kann. Interessant wäre zu ermitteln, ob beim Einbürgerungsprozess neben dem Verlust der ursprünglichen Identität auch ein Gewinn erlebt wird. Auf die nationale Identität bezogen bedeutet das: Gelingt es der Aufnahmegesellschaft, den Betreffenden auch, emotional etwas zu geben? In Deutschland scheint es vernachlässigt zu werden, ein sozial-emotionales Bindungsangebot an Migranten zu machen.

Diesen Eindruck habe ich auch bekommen. Ich habe beim Wechsel meiner Staatsangehörigkeit den Verlust, aber nicht den Gewinn gespürt ...

Das hat sicherlich auch etwas mit der Einbürgerungspraxis zu tun. Es sollte der Frage nachgegangen werden, ob die Einbürgerungspraxis nicht zu nüchtern und zu technokratisch abläuft beziehungsweise den Zuwanderern nur Nützlichkeitserwägungen nahe gelegt werden. Andere Einwanderungsländer appellieren stärker an die Gefühle der Zugewanderten. Es wird viel darüber spekuliert, warum es den Deutschen so schwer fällt, attraktive Angebote an nationaler Identität zu machen. Prominente Migranten wie Bassam Tibi führen das darauf zurück, dass die Deutschen selber eine verunsicherte nationale Identität haben und es daher nicht schaffen, Angebote für eine sichere nationale Identität zu gestalten, die es Einwanderern erleichtern, die nationale Identität zu wechseln. Erfolgreiche Integrationspolitik bedeutet für die Deutschen daher auch eine Klärung ihrer Beziehung zur eigenen Nation. Interessant sind in diesem Zusammenhang die Ergebnisse des von mir geleiteten Forschungsprojektes »Personale und soziale Identität im Kontext von Globalisierung und nationaler Abgrenzung«. Es handelt sich um eine europaweite Fragebogen-Studie, die in Deutschland (Ost/West) und allen angrenzenden Nachbarstaaten durchgeführt wurde. Den Ergebnissen zufolge ist es nicht gerechtfertigt, den Deutschen eine besondere Fremdenfeindlichkeit zu unterstellen. Solche Vorbehalte sind in anderen europäischen Ländern ebenso vorhanden, bzw. in den neuen EU-Mitgliedsstaaten Polen und Tschechien, aber auch z. B. in den Niederlanden teilweise stärker ausgeprägt. Es zeigte sich vielmehr, dass die Deutschen im internationalen Vergleich die am schwächsten ausgeprägte nationale Identität aufweisen, gleichzeitig aber am stärksten den Wunsch nach einem unverkrampften Verhältnis zur eigenen Nation äußern. Vielleicht hat ja das »Sommermärchen« anlässlich der WM 2006 dazu beigetragen, einen kleinen Schritt in Richtung der von den Deutschen so ersehnten Normalität zu gehen.

Sind also die Deutschen schuld daran, dass es mit der Integration von Migranten in diesem Land nicht so recht funktioniert?
Ein weiterer wesentlicher Hemmschuh für die Integration von Migranten mag in deren familiärer Erziehung begründet sein. Es gibt Jugendliche, die hier geboren sind, es aber als eine Art von Verrat empfinden, wenn sie die deutsche Staatsbürgerschaft annehmen. Dies kann darauf zurückzuführen sein, dass die Eltern ihre Kinder mit widersprüchlichen Botschaften in eine schizophrene Situation bringen. Einerseits ist da die Botschaft: »Ich habe dich in dieses Land gebracht beziehungsweise dich hier zur Welt gebracht«, zum anderen aber auch die Botschaft, das Herkunftsland weiterhin als die eigentliche Heimat zu betrachten. Dieser Widerspruch ist für Kinder und Jugendliche eine Herausforderung und sehr schwer auszuhalten.

Wie könnte dieses Problem gelöst werden?
Es wäre günstig, wenn sich die Erziehung in den Migrantenfamilien so änderte, dass die Einstellung stärker wird: »Wir müssen als Bürger dieses Landes hier ankommen!« Die Eltern könnten mehr dafür tun, dass sich ihre Kinder emotional mit diesem Land verbunden fühlen, indem sie ihnen zum Beispiel durch Ausflüge und Besichtigungen die Kultur und die Geschichte in ihrer Breite vermitteln. In vielen Fällen füllen dagegen Verwandtenbesuche und Reisen in das Herkunftsland die gesamte Freizeit beziehungsweise Urlaubszeit aus. Die Jugendlichen kennen daher häufig nur einen kleinen Ausschnitt Deutschlands, einige sogar nur ihr Wohnviertel. Ein differenziertes Konzept von diesem Land schafft nicht nur eine kognitive Wissensstruktur, sondern auch die Basis für emotionale Bindungen.

III POSITIONEN

»Es ist auch Euer Land«

Ein Gespräch mit Cem Özdemir, EU-Politiker, Grüne

D er Sohn türkischer »Gastarbeiter« kam 1965 im schwäbischen Bad Urach zur Welt. Als erster türkischstämmiger Politiker wurde der »anatolische Schwabe«, wie sich Cem Özdemir selbst einmal beschrieb, 1994 für die Grünen in den Bundestag gewählt. Seit 2004 ist er Mitglied des Europaparlaments. Özdemir ist verheiratet, hat eine einjährige Tochter und lebt mit seiner Familie in Berlin.

Herr Özdemir, seit wann sind Sie deutscher Staatsbürger?
Ich habe den deutschen Pass, seitdem ich 18 Jahre alt bin, den Antrag hatte ich als 16-Jähriger gestellt.

Sind Ihre Eltern nicht mit eingebürgert worden?
Nein, sie haben die Staatsbürgerschaft erst 1994 gewechselt, und zwar genau in der Woche, als die Bundestagswahl stattfand. Ihre erste »Amtshandlung« als Deutsche war, ihren Sohn zu wählen. Jedenfalls hoffe ich doch, dass sie mich gewählt haben. Am Anfang waren sie zögerlich, sie wollten sich wie viele Deutsch-Türken nicht einbürgern lassen. Als sie aber mitbekamen, dass eine Rückkehr in die Türkei immer unwahrscheinlicher wurde und schließlich ihr Sohn für den Bundestag kandidierte, hat das ihre Sicht verändert und sie motiviert, den Einbürgerungsantrag zu stellen.

Erinnern Sie sich noch an den Tag, an dem Sie die Zusage der Einbürgerung erhielten?
Ich erinnere mich sogar sehr gut daran. Es war nicht einfach, deutscher Staatsbürger zu werden. Ich musste mich um meine Ausbürgerung bemühen. Die Politik der Türkei war damals durchaus anders als heute, denn bei einem Ausbürgerungsantrag hat man den Leuten aktiv Steine in den Weg gelegt. Die deutschen Behörden wiederum – in meinem Fall war es das Landratsamt – wollten von mir einen Nachweis, dass ich mich aktiv darum bemühte, ausgebürgert zu werden. Diesen Nachweis konnte ich nicht bringen, weil die türkischen Behörden mir nichts Schriftliches geben wollten. Nachdem sich sogar der Bürgermeister meiner Heimatstadt für mich einsetzte, wurde ich eingebürgert, obwohl ich noch nicht ausgebürgert worden war.

Aus der türkischen Staatsbürgerschaft bin ich erst nach meiner Einbürgerung entlassen worden.

Hatte die Haltung der türkischen Behörden auch etwas damit zu tun, dass Sie Ihren Militärdienst noch nicht geleistet hatten?
Der Hauptgrund für meinen Einbürgerungsantrag war natürlich meine Zukunftsperspektive in Deutschland. Schließlich wollte ich auch wählen und auch der Partei, der ich gerade beigetreten war und für die ich mich einsetzte, meine Stimme geben. Aber es spielte auch eine Rolle, dass ich in der Türkei keinen Militärdienst leisten wollte. Es gab dort keine Möglichkeit zu verweigern oder etwas Alternatives wie Zivildienst zu machen. Ich bin in den Jahren meines Einbürgerungsverfahrens nicht in die Türkei gereist, weil ich Angst hatte, zum Militärdienst eingezogen zu werden. Es gab ja solche Fälle und Verwandte berichteten mir, dass die Feldjäger bereits mal im Dorf meines Vaters nach mir gefragt hätten.

Für Auslandstürken gibt es doch eine Ausnahme, den auf einen Monat verkürzten Militärdienst ...
Damals waren es übrigens noch zwei Monate, wenn man zuvor 20.000 Mark gezahlt hatte. Mal ganz abgesehen davon, dass ich grundsätzlich keinen Militärdienst leisten wollte, hatte meine Entscheidung auch mit der politischen Situation in der Türkei zu tun. Nach dem Putsch von 1980 verschwanden Tausende Menschen in den Folterkellern. Wie hätte ich da guten Gewissens, auch guten politischen Gewissens zur Armee gehen können? Ich hätte aber auch nicht 20.000 Mark bezahlen wollen, um vom verkürzten Militärdienst profitieren zu können. Meine Eltern waren durchaus bereit, das Geld für mich zu zahlen. Mein Vater wollte mich davon überzeugen, die türkische Staatsbürgerschaft zu behalten.

Ihre Eltern waren also nicht besonders erfreut darüber, dass ihr Sohn Deutscher werden wollte ...
Ja, aber der Hauptgrund war die Furcht vor Tratsch und Klatsch, vor der Familie, Freunden und Bekannten; meine Eltern dachten, das können wir denen nicht erklären. Denn meine Einbürgerung fand ja zu einer Zeit statt, in der es eher unüblich war. Es war eine absolute Ausnahme unter Türken; der Wechsel der Staatsbürgerschaft wurde ja fast wie eine Form von Vaterlandsverrat gesehen. Das ist heute zum Glück anders.

Wie haben Ihre deutschen Freunde reagiert?
Sie haben sich gefreut für mich. Ich bin ja schon mit 15 Jahren Mitglied bei den Grünen geworden, habe bei Wind und Wetter Plakate aufgehängt und Flugblätter

verteilt – aber wählen hätte ich nicht gedurft. Auf der anderen Seite hatte ich aber auch deutsche Freunde aus dem linken Milieu, die so ihre Probleme mit ihrem Deutschsein hatten. Sie haben mich gefragt, ob ich es mir gut überlegt hätte und wirklich Deutscher sein wolle, ich solle doch froh darüber sein, dass ich kein Deutscher sei. Als ob es etwas Schlimmes wäre, Deutscher zu sein. Es gab eben auch jene Leute, vor denen man sich nicht freuen durfte, wenn die deutsche Nationalmannschaft gewonnen hatte, die permanent diese zwanghafte innere Opposition zum eigenen Land zur Schau gestellt haben. Ich kann mich sehr gut daran erinnern, wie ich meine Einbürgerungsurkunde bekam. Ich hab eine Einbürgerungsparty gegeben, ein Teil meiner Freunde hat sich mit mir gefreut, ein anderer hat mich eher dafür bedauert, dass ich Deutscher geworden bin. Ich hingegen war einfach nur froh. Das war ja auch die Zeit, wo ich für die Klassenfahrten bzw. Reisen nach Frankreich oder andere Länder ein Visum beantragen musste, wenn es überhaupt ging. Das war jetzt vorbei. Für einen Jugendlichen spielt so etwas natürlich keine unerhebliche Rolle.

Sie haben sich für die Einbürgerung entschieden. Es gibt unter den türkischstämmigen Jugendlichen viele, die die Staatsbürgerschaft nicht wechseln wollen. Welche Argumente würden Sie anbringen, um diese Jugendlichen davon zu überzeugen, einen Antrag zu stellen?

In der Tat höre ich das nicht selten, wenn ich Jugendliche treffe. Sie wollen sich aus Trotz nicht einbürgern lassen, das jedenfalls ist mein Eindruck. Ich erzähle dann den Witz von Temel aus der Schwarzmeerregion. Temel, das sollte ich noch anmerken, ist der türkische Ostfriese. Der Witz geht so: Temel leiht einem Bekannten eine große Summe Geld. Und als der Bekannte nach etlicher Zeit die Schulden nicht zurückzahlt, zeigt Temel ihn an, und die beiden treffen sich vor Gericht wieder. Temel trägt dem Richter vor, dass er trotz wiederholter Aufforderungen sein Geld nicht bekommen habe. Daraufhin fragt der Richter den Angeklagten: »Kennen Sie diesen Mann?« Und der Angeklagte antwortet: »Nein, ich habe ihn noch nie gesehen.« Temel ist sauer über diese Antwort. So sehr, dass er ausruft: »Wenn er mich nicht kennt, dann kenne ich ihn auch nicht.« Der Richter wiederum erklärt: »Wie soll es gehen, dass Sie ihm Geld geliehen haben, wenn sie sich beide nicht kennen. Ich schließe hiermit das Verfahren.«

Diese Reaktion lässt sich auf die Situation der jungen Migranten in Deutschland übertragen: Wir lassen uns nicht einbürgern, weil wir sauer sind über die tatsächliche und gefühlte Ausgrenzungspolitik gegenüber Menschen türkischer Herkunft oder Menschen mit muslimischem Hintergrund. Ich sage den Jugendlichen: Diese Politik ändert ihr ja nicht dadurch, dass ihr anderen das Handeln überlasst, sondern nur dadurch, indem ihr Staatsbürger werdet und die Zukunft dieses Landes aktiv und demokratisch mitgestaltet. Ich empfehle den Jugendlichen, nicht so zu reagieren wie Temel, also nicht nach dem Motto: Wenn sie uns nicht anerkennen, dann erkennen wir sie auch nicht an. Das wäre doch genau die falsche Reaktion. Es ist auch ihr Land, sie sollen sich engagieren.

Erst Integration, dann Einbürgerung: Die derzeitige Politik folgt diesem Credo. Mein Eindruck ist, dass gerade dieses starre Festhalten dazu führt, dass etliche Migranten sich zurückziehen und so wenig wie möglich mit diesem Land zu tun haben möchten ...

Das Problem ist doch, dass das finale Stadium der Integration schwer festzumachen ist, im Grunde gibt es das gar nicht. Integration in ein soziales System ist doch ein dauerhafter Prozess, und zu diesem Prozess gehört, dass man sich einige Jahre in Deutschland aufgehalten hat, dass man sich an die Gesetze und an die Verfassung hält, dass man sich in das Schul- und Berufswesen integriert und die Amtssprache einigermaßen beherrscht, wobei bei letzterem Ausnahmen für die erste Generation möglich sein sollten. Wer diese Anforderungen erfüllt, der erfüllt meines Erachtens auch die Voraussetzungen für eine Einbürgerung. Darüber hinaus gehend ist mir nicht ganz klar, was mit der Integrationsleistung gemeint sein soll. Wenn man all denjenigen, die mit der deutschen Leitkultur daher kommen, auf den Zahn fühlt, bleibt nichts anderes übrig als das, was ohnehin schon im Grundgesetz steht. Und für mich bleibt dieses Grundgesetz die unabänderliche Grundlage der Integrationsdebatte. Wenn es um die Rechte muslimischer Frauen geht, dann muss ich keine Leitkultur beschwören, sondern Artikel 3 des Grundgesetzes: Männer und Frauen sind gleichberechtigt. Das gilt für alle Menschen, egal welchen religiösen, ethnischen oder kulturellen Hintergrund sie haben. Ich habe den Eindruck, dass manche mit der Einbürgerungspolitik eher eine Abschreckungspolitik machen möchten, dass manche Politiker gar nicht an der Einbürgerung von Ausländern interessiert sind und die Hürden so hoch wie möglich machen möchten. Integration und Einbürgerung müssen Hand in Hand gehen. Wir sollten es begrüßen, wenn aus Ausländern Inländer werden, sich jemand für eine Einbürgerung entscheidet, sich bewusst für Deutschland entscheidet, auch was die Perspektive der eigenen Kinder betrifft. Insofern ist es doch in unserem eigenen Interesse, dass wir die Einbürgerung möglichst attraktiv machen. Schließlich verschenken wir den deutschen Pass ja nicht. Rot-Grün hat die Voraussetzungen zum Erwerb nicht etwa laxer gemacht und teilweise auch viel Kritik bekommen von Migrantenorganisationen. Nichtsdestotrotz war es für unser Land ein Paradigmenwechsel, dass etwa hier geborene Kinder von Ausländern unter bestimmten Voraussetzungen die deutsche Staatsangehörigkeit erhalten. Jedes Jahr werden circa 35.000 Kinder geboren, die bei Geburt deutsche Staatsbürger sind. Dafür haben wir lange gekämpft.

Das Einbürgerungsrecht soll ja verschärft werden – geplant sind schriftliche Sprachtests ...

Es ist nichts dagegen einzuwenden, dass Sprachkenntnisse überprüft werden. Allerdings wäre es absurd, wenn ein Analphabet den Nachweis über Deutschkenntnisse schriftlich erbringen soll. Die erste Generation der Einwandererinnen und Einwanderer können zum Großteil nichts dafür, dass sie Analphabeten sind. Diese Menschen haben unter widrigen Bedingungen gelebt und hatten gar keine Möglichkeiten, Lesen und Schreiben zu lernen. Vom schriftlichen Test sollten all jene verschont bleiben, die nicht durch eigenes Verschulden Analphabeten sind. Diese Menschen haben ihren Beitrag zum Aufbau der Bundesrepublik geleistet, mit harter körperlicher Arbeit. Das sollten auch jene CDU-Politiker zur Kenntnis nehmen, die ansonsten nicht müde werden, den Beitrag der Vertriebenen zum Wirtschaftswunder zu loben, und es sich offenbar zugleich zum Ziel gesetzt haben, die Einbürgerungszahlen möglichst niedrig zu halten. Wenn ich an die geplanten Einbürgerungskurse, »Muslimtests« und sonstige Verschärfungen denke, werde ich das Gefühl nicht los, dass die Hürden bewusst so hoch wie möglich gesteckt werden sollen, um die Einbürgerung so schwer wie möglich zu machen. Und ich behaupte: Das ist nicht im Interesse Deutschlands. Das ist sehr, sehr kurzfristig gedacht, langfristig schadet es. Ich betone noch einmal: Wir verschenken den Pass nicht, die Menschen müssen bereits heute nicht unerhebliche Anforderungen erfüllen. Und was nützt es, wenn Jugendliche mit dem Gefühl aufwachsen, dass sie nicht gewollt sind und das dieses nicht ihre Gesellschaft ist. Ich kann einfach nur den Kopf darüber schütteln, dass manche hierzulande immer noch nicht begriffen haben, dass diese Jugendlichen, die Mehmet oder Ayse heißen, genauso Teil unserer Gesellschaft sind wie Hans oder Susanne.

Was würden Sie in puncto Einbürgerungspolitik anders machen?

Das Problem der meisten Politiker in Deutschland ist, dass sie, wenn sie über dieses Thema sprechen, eine halbe Stunde über die Probleme reden, und nur zwei Minuten auf die Chancen eingehen. Ich würde auch mal die Chancen herausstellen, betonen, dass es um eine gemeinsame Republik und Gesellschaft geht, in der Hans, Ayse und Dimitri de facto zusammenleben werden. Es gehört sicherlich auch dazu, die Selbstvertretung der Migranten stärker einzubeziehen, denn auch da gibt es ein unausgeschöpftes Potential. Integration gelingt dann einfacher, wenn wir die Migranten mit einbeziehen, so dass sie direkt in ihrer Community wirken können. Daher würde ich erstmal das gesellschaftliche Signal ändern. Es muss deutlich werden, dass die Migranten zu dieser Gesellschaft genauso dazu gehören. Ich würde auch an die Politiker aus den Herkunftsländern appellieren, entsprechende Signale an ihre Landsleute zu senden, damit diese sich einbürgern lassen. Die Türkei hat inzwischen sehr wohl verstanden, dass das Bild der Türkei im Ausland auch von den Türkischstämmigen in Europa geprägt wird.

Das Staatsbürgerschaftsrecht also nicht weiter eingrenzen ...
Nein, die Instrumente, die wir haben, etwa die Regelanfrage beim Verfassungsschutz und der Nachweis der Sprachkenntnisse, sind völlig ausreichend.

Wenn wir jetzt noch mit höheren Gebühren, strengeren Prüfungen und irrsinnigen Muslimtests wie in Baden-Württemberg kommen, dann bewegen wir uns auf eine Situation zu, dass immer weniger ihr durchaus vorhandenes Interesse an einer Einbürgerung auch umsetzen. Es ist auch in unserem Interesse, dass die Menschen sich einbürgern, sich als deutsche Staatsbürger identifizieren. Jede Einbürgerung ist ein Erfolg, denn angesichts der Anforderungen, die heute schon erfüllt sein müssen, können wir durchaus von einer erfolgreichen Integration dieser Menschen sprechen. Es ist ja übrigens so, dass die Einbürgerungszahlen seit Jahren rückläufig sind. Wenn man den Diskurs in den Migrantencommunities mitbekommt, dann weiß man, wie die Situation wahrgenommen wird. Es ist bedenklich, wenn das Gefühl verbreitet ist, dass man weder gewollt noch die Einbürgerung gewünscht ist. Dagegen müssen wir ansteuern.

»Es geht darum, ob sich jemand für Deutschland interessiert«

Ein Gespräch mit Wolfgang Bosbach, CDU-Politiker

Wolfgang Bosbach ist stellvertretender Vorsitzender der CDU/CSU-Bundestagsfraktion und Mitglied des Innenausschusses. CDU-Mitglied ist der 55-Jährige seit seinem 20. Lebensjahr, seit 1994 ist er Bundestagsabgeordneter. Bosbach machte eine Ausbildung zum Einzelhandelskaufmann und leitete zunächst einen Supermarkt. Auf dem zweiten Bildungsweg machte er Abitur und studierte Rechtswisschaften an der Universität Köln. Der in Bergisch-Gladbach geborene Bosbach ist verheiratet und hat drei Töchter.

Herr Bosbach, wann haben Sie erstmals bewusst wahrgenommen, dass Sie ein Deutscher sind?
Ich kann leider kein Erweckungserlebnis schildern. Eins kann man sich im Leben niemals aussuchen, das ist die Familie. Man wird in sie hineingeboren, in menschliche Beziehungen, in ein persönliches Umfeld, in eine Stadt. Bevor die Staatsbürgerschaft eine praktische Bedeutung erlangt, ist sie selbstverständlich. Und alles, was selbstverständlich ist, macht man sich nicht besonders bewusst. Eine völlig andere Situation ist es, wenn jemand seine Koffer packt und beschließt, aus welchem Grund auch immer, in einem anderen Land ein neues Leben zu beginnen. Vielleicht wird er sich dann erst seiner Herkunft, seiner angestammten Traditionen, der kulturellen Identität seiner Eltern und Großeltern bewusst ...

Erinnern Sie sich auch nicht an die Situation, wie Sie erstmals Ihren deutschen Pass beantragt haben?
Nein, überhaupt nicht. Wenn es einen Auslandsbezug gibt, dann ist das bestimmt anders. Aber meine Familie lebt seit zig Generationen in Deutschland, deswegen war bei uns zu Hause die Staatsangehörigkeit nie ein Thema. Sie hatte keine besondere Bedeutung.

Für Menschen wie mich dreht sich sehr vieles darum. Es gibt nun mal viele, die seit langem in Deutschland leben und die mit dem Herkunftspass erheblichen Ein-

schränkungen, auch des Reisens, ausgesetzt sind; ein Argument für ein Einbürge-
rung war für mich, dass ich visafrei reisen kann.

Die Einschränkungen sind darin begründet, dass eine Visumpflicht für den Bürger des jeweiligen Landes besteht, es hängt nicht am deutschen Staatsangehörigkeitsrecht. Ich finde es nicht gut, wenn die Bedeutung des Erwerbs der deutschen
Staatsangehörigkeit auf die Frage der Visafreiheit reduziert wird. Dann haben wir
ein völlig unterschiedliches Verständnis von Staatsangehörigkeit.

Wie ist Ihr Verständnis?

Es geht darum, ob sich jemand für Deutschland interessiert, für unsere Rechtsordnung, die Kultur und die Traditionen dieses Landes. Oder ob jemand sagt, das
interessiert mich alles nicht, aber die Sozialgesetzgebung, die finde ich wichtig.
Welche Ansprüche habe ich, was kann Deutschland für mich tun? Das wäre meiner Ansicht nach eine merkwürdige Haltung, wenn man die deutsche Staatsangehörigkeit haben möchte.

Ausgangspunkt ist die Frage: Ist der Erwerb der Staatsangehörigkeit Voraussetzung für eine Integration oder ist der Erwerb der Staatsangehörigkeit der Endpunkt
einer gelungenen Integration? Ich weiß ehrlich gesagt nicht, wie man die erste These
vertreten kann. Wenn man sagt: Wir geben jemandem, der nach Deutschland kommt,
zunächst die Staatsangehörigkeit, dann wird er sich prima integrieren; dann stelle ich
die Gegenfrage: Warum sollte sich jemand integrieren wollen, wenn er auch ohne
jegliche Integrationsbemühungen die deutsche Staatsangehörigkeit bekommt? Für
mich ist die Verleihung der Staatsangehörigkeit der Endpunkt einer in jeder Hinsicht
gelungenen Integration. Wenn jemand sagt, das ist mein Land, hier möchte ich auf
Dauer leben und ich möchte auch dessen Staatsangehörigkeit erwerben.

Nicht, dass wir uns missverstehen: Selbstverständlich gibt es auch hunderttau-
sendfache Beispiele für gelungene Integration ohne Erwerb der deutschen Staatsangehörigkeit. Es ist nicht so, dass die Integration nur dann gelungen ist, wenn
auch die deutsche Staatsangehörigkeit angenommen wurde.

Die geplanten Korrekturen im Staatsangehörigkeitsrecht – wie etwa Einbürge-
rungstest, Eid auf die Verfassung und vor allem sehr viel restriktivere Bestimmun-
gen bei Vorstrafen – erleichtern nicht unbedingt die Entscheidung für eine Einbür-
gerung. Migrantenorganisationen beurteilen dies als Verschärfung des Rechts und
als sehr rigide. Damit werde das Signal gesendet, dass Deutschland keine Einbür-
gerung wolle.

Die Bundesrepublik ist das einzige Land der Welt, das einen Anspruch auf Einbürgerung kennt, und dieser Rechtsanspruch kann über den Klageweg geltend gemacht werden. Wie man da von rigide sprechen kann, ist mir völlig unverständlich.

Es gibt kein anderes Land, in dem man vor Gericht marschieren und sagen kann, ich erfülle die Voraussetzungen für die Einbürgerung und der Staat muss mich einbürgern. Dafür muss man allerdings auch bestimmte Voraussetzungen erfüllen. Allein der Wunsch nach der deutschen Staatsangehörigkeit genügt nicht.

Es gibt aber Staaten, in denen die Hürden nicht so hoch angesetzt sind ...
Ja. Klassische Einwanderungsländer, die aus ihrer eigenen Geschichte heraus ein überragendes Interesse daran haben, möglichst viele Staatsbürger zu haben und die auch im Land geborene Kinder sofort zu Staatsbürgern machen. Das ist historisch begründet, dass diese Staaten so vorgehen. Es wurde und wird ja in diesen Staaten auch um Einwanderung geworben, um das Land zu besiedeln.

Diese demographischen Gründe treffen doch inzwischen auch für die Bundesrepublik zu. Aus der Bevölkerungsentwicklung könnte abgeleitet werden, dass ein größeres Interesse an Einbürgerung bestehen muss, auch damit die Schere zwischen Staatsvolk und Einwohnern nicht auseinanderklafft, oder?
Das ist eher eine Herausforderung für eine bessere Familienpolitik.

Um auf die Voraussetzungen für die Einbürgerung zurückzukommen. Welche sind da wichtig?
Ich halte es für richtig, dass wir die Verleihung der Staatsangehörigkeit an bestimmte Kriterien binden. Eine Staatsangehörigkeit ist etwas anderes als eine Vereinsmitgliedschaft ... ich bin heute im Fußballverein, morgen im Handballverein, und zwischendurch spiele ich auch noch Tennis ... das ist etwas völlig anderes als die Hinwendung zu einem Staat, zu einer Gemeinschaft und der Übernahme von Rechten und Pflichten, nicht nur des Wahlrechts. Das ist etwas ganz anderes als eine Abstimmung bei der Jahreshauptversammlung des Kegelklubs, bei dem der Kassenführer entlastet wird ... Der Staat übernimmt Schutzpflichten für seine Staatsbürger und hat dann auch das Recht zu sagen, dass die Personen, denen diese Rechte verliehen werden, auch besondere Voraussetzungen erfüllen müssen.

Nun zu den Kriterien: Da sind zum einen die Sprachkenntnisse – niemand muss Goethes *Faust* zitieren, aber man muss ein bisschen mehr sagen können als »Guten Tag« und »Auf Wiedersehen«. Richtig ist in diesem Zusammenhang, dass es bundesweite Standards für die Deutschkenntnisse geben wird. Es ist in den Bundesländern sehr, sehr unterschiedlich gehandhabt worden.

Ein Grundsatz ist, dass man sich uneingeschränkt bekennen soll zur Bundesrepublik Deutschland, und nicht, dass man sagt, ich bin loyal dem Land A, dem Land B und dem Land C gegenüber. Der Ausdruck der ungeteilten Loyalität ist doch, dass man sagt, ich möchte die uneingeschränkte Hinwendung zu einem neuen

Land und die angestammte Staatsangehörigkeit abgeben. Wir können kein Interesse daran haben, dass es möglichst viele Doppel-, Dreifach- oder Mehrfachstaatler gibt. Wir müssen ein Interesse daran haben, dass sich Menschen vorbehaltlos einbürgern lassen.

Für Bürger aus vielen EU-Staaten gibt es aber eine andere Regelung ...
Stimmt. Mit etwa zwei Drittel der EU-Staaten haben wir eine Abmachung auf Gegenseitigkeit; nach dieser Regelung bürgern wir Antragsteller ein, ohne dass sie aus der Staatsangehörigkeit ihres Herkunftslands entlassen worden sein müssen.

Dann ist Mehrstaatigkeit doch möglich; warum gibt es eine striktere Regelung für Bürger anderer Länder? Es gab ja auch mal andere Pläne. Die rot-grüne Bundesregierung hatte 1999 einen Gesetzesentwurf vorgelegt, nach der Ausländer nicht vor die Wahl gestellt werden sollten, sich zwischen ihrem alten Pass und dem deutschem Pass entscheiden zu müssen. Die Gruppe der Türken macht den größten Teil der Ausländer in Deutschland aus, sie tut sich aber schwer mit der Einbürgerung, weil die Mehrstaatigkeit für sie nicht gilt ...
Vielleicht gibt es eines Tage sogar die EU-Staatsbürgerschaft. Aber wir können kein spezielles deutsches Staatsangehörigkeitsrecht für türkische Staatsbürger machen.

Es würden sich – und das zeigen doch auch Studien – sehr viel mehr Menschen einbürgern lassen, wenn sie ihren Herkunftspass nicht abgeben müssten ...
Das weiß ich doch, ich beschäftige mich mit dem Thema schon seit 30 Jahren. Aber die Voraussetzungen für die Einbürgerung in der Bundesrepublik Deutschland orientieren sich an den Interessen der Bundesrepublik ...

...eben deswegen müsste doch der Gesetzgeber auch für Sonderregelungen offen sein; es gibt doch auch das psychologische Phänomen. Es fällt nun mal Menschen schwer, die Staatsbürgerschaft ihres Herkunftslandes abzugeben.
Wir bürgern doch sehr viele Menschen unter Hinnahme ihrer Herkunftsstaatsangehörigkeit ein. Das Gesetz berücksichtigt das Problem, dass für jemanden die Abgabe der angestammten Staatsbürgerschaft unmöglich oder unzumutbar ist. Wir müssen zwei Fälle auseinander halten: Ist es unmöglich, etwa weil das Herkunftsland nicht entlässt? In diesem Fall könnte der Antragsteller ja nie die deutsche Staatsangehörigkeit erwerben. Das wäre unzumutbar. Ein anderer Sachverhalt ist aber, wenn jemand sagt, ich will meine Staatsangehörigkeit nicht abgeben, Ich kann es, aber ich will es nicht und fordert, dass der Staat sich nach seinen Interessen richtet.

Wenn ich an Ihrer Stelle wäre, würde ich wahrscheinlich genauso denken wie Sie. Ich kenne die Argumente, und ich kann das alles auch verstehen. Ich käme selbst aber nicht auf die Idee, eine andere Staatsangehörigkeit zu erwerben. Aber wenn das mal so wäre, dann wüsste ich, dass ich mich entscheiden muss.

Viele können sich aber nicht entscheiden, und die Zahl der Einbürgerungen sinkt ...
Bedauerlicherweise können sie das nicht. Ich fände es gut. Ich freue mich über jeden, der deutscher Staatsbürger wird. Ich halte das für ein Kompliment für die Bundesrepublik Deutschland.

Die Zahl der Einbürgerungen sank bislang übrigens auch, ohne dass Test und Eid vorausgesetzt waren. Wir hatten im Jahre 2000 etwa 180.000 Einbürgerungen, 2005 waren es etwa 117.000, also ein Rückgang um etwa 30 Prozent, und zwar ohne dass es einen Test, einen Eid oder Fragebogen gab ... es kann also erkennbar keinen Zusammenhang geben. Die Einbürgerungszahlen werden aufgrund des geänderten Gesetzes ohnehin sinken. Wenn jemand die deutsche Staatsangehörigkeit durch Geburt erwirbt, dann braucht er sie nicht mehr zu beantragen.

Nun eine Frage zum geplanten Integrationskurs ...
Ich habe mal an einem Kurs in Kanada teilgenommen, das war eine ganz interessante Erfahrung. Ich habe Teilnehmer nach dem Ziel des Kurses gefragt und die Antwort bekommen: »To be a good Canadian.« Ich glaube nicht, dass hier in solch einem Kurs viele die Antwort »Ich will ein guter Deutscher werden« geben würden. Hier würden wohl viele sagen, wir wollen den deutschen Pass haben.

Das hat doch wohl auch etwas mit dem politischen Klima in Deutschland zu tun. Wenn die Menschen sich nicht willkommen fühlen, wollen sie wahrscheinlich auch keine »good Germans« werden.
Ich würde auch werben für die Einbürgerung, es ist aber müßig, wenn die Hälfte derer, die Anspruch darauf haben, es gar nicht wollen.

»Es muss für Einbürgerung geworben werden«

Ein Gespräch mit Sebastian Edathy, SPD-Politiker

Als Sohn eines indischen Vaters und einer deutschen Mutter wurde Sebastian Edathy 1969 in Hannover geboren, dort studierte er Soziologie und Deutsche Sprachwissenschaft. Von 1990 bis 1993 war er Mitarbeiter der niedersächsischen SPD-Landtagsabgeordneten Bärbel Tewes und von 1993 bis 1998 persönlicher Referent des Bundestagsabgeordneten Ernst Kastning (SPD). Edathy ist seit 1998 Bundestagsabgeordneter für den Wahlkreis Nienburg II/Schaumburg und seit November 2005 Vorsitzender des Innenausschusses des Deutschen Bundestages. Der 37-Jährige ist ledig.

Wenn ich meinen Namen sage, höre ich oft als Reaktion »Oh, das klingt aber nicht deutsch, wo kommen Sie denn her?« Herr Edathy, passiert Ihnen das auch, wenn Sie sich mit Ihrem Nachnamen vorstellen?
Ja. Diese Frage ist mir nicht unbekannt. Ich habe übrigens meinen Nachnamen ändern lassen, der war ursprünglich länger. In meiner Familie wurde so lange ich mich erinnern kann aus praktischen Gründen die Kurzversion verwendet, in meinen Dokumenten stand aber Edathiparambil. Vor meiner ersten Bundestagskandidatur habe ich den Namen so ändern lassen, dass seither die Gebrauchsform mit der gesetzlichen Form übereinstimmt. Von Teilen der Presse meines Wahlkreises wurde ich deswegen kritisiert, es wurde mir vorgeworfen, dass ich mich von der indischen Herkunft des Familiennamens distanzieren wolle. Das ist völliger Unsinn. Edathy klingt nach wie vor nicht wie Müller und Schmidt, es ist aber einprägsamer und eben auch die Form, die in meiner Familie verwendet wurde.

Verwunderlich ist es schon, dass mit fremd klingendem Namen sogleich assoziiert wird, dass der Namensträger kein Deutscher ist ...
Es ist leider so, dass dieses Land im Prozess der Anerkennung seiner Vielseitigkeit noch nicht soweit vorangeschritten ist, wie ich es mir wünsche. Ich denke, dass es zwar Fortschritte gibt, aber durch das lange Festhalten an einem Nationalstaatskonzept, das überwiegend biologistisch geprägt gewesen war, ist eine Scheuklappenwahrnehmung vorhanden. Menschen, die nicht weiß sind, die nicht einen klas-

sisch-deutschen Nachnamen haben, werden zunächst einmal als nicht dazugehörig betrachtet. Es ist hoffentlich eine Frage der Zeit, dass sich diese Haltung ändert. Über polnischstämmige Nachnamen macht sich heute kaum jemand Gedanken, das wird nicht mehr thematisiert. Einer der reaktionärsten Politiker im Bundestag war jahrelang Erwin Marschewski. Er hat familiäre Wurzeln in Osteuropa, war aber ein scharfer Kritiker der Zuwanderungspolitik und der Ansicht, dass wir kein Zuwanderungsland sind. Ich fand das stets skurril. Deutschland ist vielseitiger als Teile seiner Bevölkerung sich einzugestehen bereit sind.

Wie wirkte und wirkt sich das beschriebene gesellschaftliche Klima für Sie persönlich aus?
Natürlich war das für mich mit Folgen verbunden; ich befand mich schon im relativ jungen Lebensalter in einer Position, in der ich sozusagen mein Hier- und Deutschsein begründen musste. Wobei ich dazu sagen muss, dass ich aus einer privilegierten Familie stamme und recht behütet aufgewachsen bin. Mein Vater ist Akademiker und war evangelischer Gemeindepfarrer. Ich bin überzeugt, dass das Ausmaß der Diskriminierung in einem sehr direkten Zusammenhang steht mit der sozialen Situation. Ich glaube, dass man mit dem Kind eines türkischen Arbeiters anders umgeht als mit dem Kind des örtlichen Pastors – auch wenn der in Indien geboren wurde.

Hat das nicht auch damit zu tun, dass ein Kind aus einer akademischen Familie ein anderes Selbstbewusstsein hat und die Diskriminierung eher an ihm abprallt?
Das spielt sicherlich auch eine Rolle. Stigmatisierung ist ein sehr vielschichtiger Sachverhalt und die Ausgrenzung von Menschen, die in mehrerer Hinsicht Minderheitenmerkmale aufweisen, findet viel häufiger statt. Das ist auch sozialwissenschaftlich nachweisbar. Aber auch »Diskriminierung light« ist verletzend.

Daran möchte ich mit einer Frage zu Kindern aus Einwandererfamilien anknüpfen. Eine Vielzahl der Jugendlichen fühlt sich hier diskriminiert, entwickelt daher eine Abneigung gegen Deutschland und hat erhebliche Probleme, sich mit diesem Staat zu identifizieren. Welche Politik ist notwendig, um dieser Entwicklung entgegenzuwirken?
Ein erster Schritt wäre, mit klaren Signalen deutlich zu machen, dass diese Jugendlichen Teil der Gesellschaft sind. Deutschland ist auch ihr Land. Wenn Jugendliche wegen der Herkunft ihrer Eltern oder Großeltern den Eindruck haben, dass sie nicht auf Augenhöhe behandelt werden und Misstrauen gegen sie besteht, dann kann es zu einem sehr misslichen Prozess der Isolation kommen ... etwa, dass sich diese junge Menschen auf Dinge berufen und zur eigenen Identität erklären,

die möglicherweise gar nichts mit der eigenen Person zu tun haben, sondern eher mit der Fremdzuschreibung durch Außenstehende. Ich möchte in diesem Zusammenhang auf eine Untersuchung hinweisen, die unter der Federführung von Norbert Elias in Großbritannien stattfand und 1965 dort erstmals veröffentlicht wurde; Quintessenz der empirischen Studie unter dem Titel *Etablierte und Außenseiter* ist, dass dort, wo machtschwächere Gruppen durch machtstärkere Gruppierungen ausgegrenzt und zur Minderheit erklärt werden, die Wahrscheinlichkeit wächst, dass diese Gruppen sich selbst auf die ihnen zugeschriebenen Attribute zurückziehen. Für eine Demokratie ist das eine unzuträgliche Entwicklung.

Was wäre denn eine positive Entwicklung?
Ein erster Schritt gegen diese Ausgrenzung wäre das Ausweiten des kommunalen Wahlrechts auch auf die Bewohner, die nicht EU-Bürger sind. Die politische Beteiligung vor Ort ist das Mindeste, was sichergestellt werden muss.

Die Einbürgerung ist doch der Weg zur politischen Partizipation ...
Natürlich. Es ist für die Demokratie auf Dauer nicht gut, wenn es Bürger erster und zweiter Klasse gibt. Ich bin der festen Überzeugung, dass die Verleihung der deutschen Staatsbürgerschaft nicht ein Gnadenakt ist zugunsten derer, die eingebürgert werden, sondern es ist im Interesse der Gesellschaft insgesamt. Gleichstellung ist eine der wesentlichen Voraussetzungen für Integration. Auch das ist in der Sozialwissenschaft unbestritten. Die Identifizierung mit der Gesellschaft setzt erst dann voll ein, wenn auch die formale Gleichstellung gegeben ist.

Dazu gibt es in Deutschland eine ganz andere Meinung. Für die Union kommt die Einbürgerung erst nach der gelungenen Integration ...
Ich teile diese Einschätzung nicht; ich teile aber auch nicht die Einschätzung, dass die Einbürgerung ohne jegliche Integrationsvoraussetzung erfolgen sollte. Auf dem Integrationsweg sollte die Einbürgerung ein wesentlicher Meilenstein sein. Dieser Schritt sollte nicht am Anfang und auch nicht am Ende des Prozesses stehen, sondern sich vernünftig einfügen. Deswegen kommt es auch ganz entscheidend darauf an, die Voraussetzungen für die Einbürgerung so zu gestalten, dass die Betroffenen nicht den Eindruck bekommen, dass es darum geht, Einbürgerungen möglichst zu vermeiden.

Es muss zudem ein zentrales Anliegen sein, hier geborene Menschen, die formal als Ausländer gelten, formal Deutsche werden zu lassen. Faktisch sind sie es ja längst. Es muss ein faires Verfahren für Einbürgerungen gelten, und es muss auch für Einbürgerungen geworben werden.

Wie könnte dieses Werben aussehen?

Die Bundeskanzlerin hat im Sommer 2006 zu einem Integrationsgipfel eingeladen; meiner Ansicht nach müssen die aus diesem Gipfel hervorgegangenen Arbeitsgruppen konkrete Ergebnisse liefern. Und ein solches Ergebnis könnte ein öffentlicher Aufruf zur Einbürgerung sein, in der sich die Bundeskanzlerin persönlich einbringt und auf die Vorteile hinweist – nämlich gleichberechtigter Teil der Gesellschaft zu sein, in der man lebt. Ich wünsche mir dabei mehr als das Drucken von Plakaten.

Die Bundesregierung könnte eine Einbürgerungskampagne initiieren. In den örtlichen Behörden sind die dafür notwendigen Daten vorhanden; die entsprechenden Informationen darüber, welche Ausländer wie lange in Deutschland leben und wer mutmaßlich einen Anspruch auf eine Einbürgerung hat. Diese Personen könnten angeschrieben und darauf hingewiesen werden, dass sie sich einbürgern lassen könnten und dass man sich darüber freuen würde, wenn sie es täten. Die öffentliche Debatte wird oftmals mit einem anderen Unterton geführt; ich bin überzeugt davon, dass wir nicht zu viele, sondern viel zu wenige Einbürgerungen haben.

Migrantenorganisationen sehen in der bevorstehenden Gesetzesänderung ein Signal dafür, dass Einbürgerung gar nicht erwünscht ist ...

Das gesellschaftliche Klima für dieses Thema könnte besser sein; eines der großen Probleme im Bezug auf die Selbstdefinition dieser Gesellschaft ist meines Erachtens die sehr bruchreiche deutsche Geschichte. Im europäischen Vergleich ist die deutsche Nationalstaatsbildung sehr spät erfolgt, sie hat sich erst in der zweiten Hälfte des 19. Jahrhunderts vollzogen, und man hat zur Definition einer gemeinsamen gesellschaftlichen Grundlage das Prinzip der Abstammung erhoben. Das ist ein auf ethnischer Exklusion basierendes Konzept gewesen, das sehr lange gegolten hat und vollends pervertiert worden ist in der Zeit des Nationalsozialismus, und von dem man sich nicht wirklich endgültig getrennt hat bis zur Reform des Staatsbürgerschaftsrechts unter der rot-grünen Bundesregierung. In vielen Köpfen besteht noch dieses Bild der ethnisch-homogenen Gesellschaft als nationalstaatliches Modell. Das ist nicht nur jetzt, sondern seit mehr als 100 Jahren nicht mehr kongruent mit der Realität in diesem Land. Ein Modell, das zudem potentiell undemokratisch ist und auf einer hochproblematischen Fiktion beruht. Wenn Vielfalt in unserem Land teilweise eher als Risiko denn als Chance und Bereicherung betrachtet wird, dann hat das viel mit dieser langen Linie eines vormodernen Nationalstaatsdenkens zu tun. Mit Blick auf das Thema Einbürgerung heißt das: Es darf nicht so sein, dass das Einbürgerungsverfahren zum Spießrutenlauf degeneriert.

Darauf wird die SPD auch sehr stark achten. Ich habe kein Problem damit, dass der Nachweis von Deutschkenntnissen, der ja Bestandteil des geltenden Rechts ist, länderübergreifend standardisiert wird. Es ist sehr vernünftig, dass es ein gemeinsames Verfahren gibt, egal ob man sich in Schleswig-Holstein oder in Baden-Württemberg einbürgern lässt. Das schützt die Einbürgerungswilligen nicht zuletzt vor einzelstaatlicher Willkür. Die Frage ist, wie hoch werden die Anforderungen geschraubt. Die Diskussion um die Vorstrafen ist nicht abgeschlossen. Sicherlich ist es sinnvoll, dass einschlägig vorbestrafte Personen nicht eingebürgert werden. Das darf aber nicht dazu führen, dass aufgrund zurückliegender Ordnungswidrigkeiten die Möglichkeit zur gleichberechtigten gesellschaftlichen Teilhabe verneint wird.

Meiner persönlichen Meinung nach ist kein Einbürgerungstest notwendig. Die bisherigen Voraussetzungen sind völlig ausreichend, die Hürden sind hoch genug. Wenn man aber der Auffassung ist, neben dem bereits jetzt obligatorischen Bekenntnis zur deutschen Verfassung, die Kenntnisse über die Grundzüge der demokratischen Struktur der Bundesrepublik prüfen zu wollen, dann wird die Frage nach der Ausgestaltung eines Tests noch zu klären sein.

Ich stelle eine große Angst davor fest, dass falsche Personen zu deutschen Bürgern werden könnten ...

Meine Partei teilt diese Position nicht, wir haben in der Oppositionszeit und auch nach 1998, als wir die Möglichkeit hatten, die Gesetzgebung zu gestalten, für die Reform des Staatsbürgerschaftsrechts geworben. Das Thema Integration ist seit langer Zeit ein wichtiges Thema für die Sozialdemokratie, weil wir wissen, dass Demokratie nur wirklich richtig funktioniert, wenn Ausgrenzung und Diskriminierung überwunden werden. Deswegen ist es uns ein wichtiges Anliegen, dass Menschen, die auf Dauer hier leben, nicht nur als Nachbarn, sondern auch als deutsche Staatsbürger willkommen sind. Wir brauchen keine Politik der geballten Faust, sondern eine der ausgestreckten Hand.

Warum ich gehe

Bassam Tibi will Deutschland verlassen

Der 1944 in Syrien geborene Bassam Tibi kam 1962 nach Deutschland. Er studierte Sozialwissenschaft, Philosophie und Geschichte und erhielt 1973 eine Professur in Göttingen. Seit 1976 ist er deutscher Staatsbürger. Im Herbst 2006 kündigte er an, die Bundesrepublik zu verlassen. An Tibi streiten sich die Geister; den einen ist er zu narzisstisch, den anderen zu unwissenschaftlich. Seine Erfahrungen an einer deutschen Hochschule hingegen decken sich mit denen anderer Wissenschaftler mit Migrationshintergrund.

Als ich neulich bei einer Podiumsdiskussion in Berlin mit Bundestagspräsident Norbert Lammert in einem Nebensatz meine geplante Auswanderung in die USA erwähnte, ahnte ich nicht, dass dies als Zeitungsmeldung durch das Land gehen würde. Seitdem schreiben mir viele Deutsche mit der Bitte, ich möge bleiben. Doch es gibt auch andere – Deutsche wie Ausländer –, die die Chance nutzen, um mich in den Dreck zu ziehen. (...) Meine Auswanderung, dies vorweg, ist nicht vorrangig durch das Göttinger Elend bedingt, wo ich laut Universitätspräsident zu den »Schwachstellen« gehöre, die es »auszumerzen« gilt. Das deutsche Universitätssystem ist offen und ermöglicht seinen Angehörigen, weltweit zu forschen.

Nein, der Hauptgrund ist ein anderer: Auf Dauer fühle ich mich fremd in diesem Land und werde entsprechend behandelt. Ich wandere aus, weil ich dieses Fremdsein nach 44 Jahren nicht mehr ertrage. Klar ist, dass ich, der schwer Integrierbare, kein Einzelfall bin. Die Mehrheit der hier lebenden »Ausländer« ist als fremd einzuordnen; selbst ethnisch Deutsche aus Zentralasien, die auf der Basis ihres angeblich deutschen Blutes hineingelassen wurden, entdecken hier ihr Russischsein und fühlen sich genauso wie ich. Warum? Weil uns dieses Land keine Identität gibt. Dem *Spiegel* sagte ich: »Wenn die Deutschen nach Auschwitz keine Identität haben, wie können sie dann Fremden eine geben?« Statt zusammen mit uns Fremden an der Entfaltung einer zivilgesellschaftlichen Bürgeridentität zu arbeiten, entwickeln sich »die Deutschen« – so der prominente Deutsche Mario Adorf – zu einem »Volk von Miesmachern«. Ich wandere auch aus, weil ich glaube, Deutschland mehr zu lieben, als viele Deutsche es je getan haben. Aber ich habe es satt, ein »Syrer mit deutschem Pass« zu sein, der seinem miesepetrigen Gastvolk dafür danken soll, dass ihm die Erfüllung des »deutschen Bürgertraums« gewährt wurde. Das Leben als C3-Professor an der Provinzuniversität Göttingen als »deutschen Bürgertraum« zu bezeichnen, ist erbärmlich. Vor 1933, als jüdische Gelehrte an ihr wirken durften, hatte diese Universität einen großen Namen. Seit deren »Ausmerzung« ist sie nicht mehr das, was sie einmal war.

Warum habe ich es so lange in Göttingen ausgehalten? Ich blieb aus Liebe zu meiner Göttinger Frau, die an ihre Familie gebunden war. Und: Deutschland ist größer als Göttingen, bloß nicht für Ausländer. Auch meine Liebe zur deutschen Sprache und Kultur hat mich in diesem Land gehalten. Was den Fremden – und vielen deutschen Weltbürgern – in der politischen Kultur Deutschlands fehlt, ist das, was die Amerikaner »sense of belonging« (Zugehörigkeitsgefühl) nennen. Wenn nach 40 Jahren des Schaffens an einem modernen Islam, an Konzepten der Integration und an einem zivilgesellschaftlichen Konsens meine Bücher als »semi-wissenschaftlich« tituliert werden, wenn der Bundestagspräsident die Leitkulturdebatte – ohne meinen Namen als Schöpfer des Begriffs zu nennen – neu beleben will, die Kanzlerin mich von ihrem Integrationsgipfel ausschließt und der Innenminister einen verhunzten deutschen Islam dem europäischen Islam vorzieht, dann frage ich mich, was ich hier noch soll. In Harvard wirkte ich parallel zu Göttingen. Hier habe ich die besten Jahre meines akademischen Lebens (1982-2000) verbracht; keine deutsche Universität hat mir Ähnliches geboten. In eine deutsche Professorenschaft kommt man als Ausländer kaum je hinein.

Dennoch möchte ich Deutschland nicht verlassen, ohne ein Liebesbekenntnis auszusprechen. Es ist freilich eine Liebe, die ein kulturpsychologisch beschädigtes, also liebesunfähiges Volk nicht erwidern kann: Trotz aller Kränkungen bedeutet mir dieses Land – und noch mehr seine Sprache und seine Kultur – außerordentlich viel. Obwohl Arabisch meine Muttersprache ist, in die ich durch Auswendiglernen des Korans sozialisiert worden bin, spreche ich heute Arabisch mit deutscher Intonation – ebenso wie Englisch und Französisch, also die beiden Sprachen, die ich in der Schule in Damaskus gelernt habe. Und zuletzt: Ich wünsche Deutschland mit seinen zwanzig Prozent Bewohnern mit Migrationshintergrund, die Grundlage für ein friedliches Zusammenleben zu finden – und keine Intifada der Muslime zu erleben wie 2005 in Paris. Ohne Zivilisationsbewusstsein (der vor 600 Jahren verstorbene islamische Philosoph Ibn Khaldun nennt dies »Asabiyya«) und Identität geht dies nicht. Ich wünsche den Deutschen, kein »Volk von Meckerern und Miesmachern« zu sein. Vor 1933 hatten sie bessere Zeiten, weil sie das »Volk der Dichter und Denker« waren. Dies sehe ich heute nicht mehr.

Der Artikel ist erstmals erschienen im Tagesspiegel, *2. Oktober 2006.*

IV PORTRAITS

»Der Pass ist doch kein Integrationsausweis«

Stjepan Herceg

Stjepan Herceg wurde 1952 in Kroatien geboren, von 1972 bis 1974 hielt er sich erstmals in Deutschland auf – als Praktikant in einem katholischen Internat; danach kehrte er in seine Heimat zurück und kam dann 1976 zum Studium zurück und blieb. Er gründete hier eine Familie mit einer Deutschen. Seine beiden Kinder haben die deutsche und die kroatische Staatsangehörigkeit. Zwei Pässe, das wäre auch ganz im Sinne des 54-Jährigen, der nur einen kroatischen Pass hat. Er ist Mitarbeiter des Deutschen Caritasverbands in Freiburg.

Warum sollte ein Mensch, der nach vielen Jahrzehnten den Ausweis sein Eigen nennen darf, der seine Identität widerspiegelt, diesen wieder abgeben? Wer Stjepan Herceg davon überzeugen möchte, die deutsche Staatsbürgerschaft zu beantragen, müsste eine überzeugende Antwort auf diese Frage haben. Er selbst kennt eine Antwort, doch die ist noch Zukunftsmusik.

Wer Menschen wie ihn verstehen möchte, kommt mit Pragmatismus nicht weiter. Ein deutscher Pass wäre schon gut, das weiß er seit langem. »Schon allein, damit wir alle in der Familie einen deutschen Pass haben«, sagt er. Seine Frau ist Deutsche, seine 24-jährige Tochter und sein 21-jähriger Sohn können als Kinder einer binationalen Ehe beide Pässe haben. Er aber will seinen kroatischen Pass behalten, und das hängt damit zusammen, dass er nach dem Zerfall Jugoslawiens das wurde, was er offiziell nicht sein durfte, aber im Herzen schon immer gewesen war: ein Kroate.

»Als ich 1992 meinen kroatischen Pass bekam, wurde ich ein Subjekt«, sagt Stjepan Herceg. Endlich hatte sein Gefühlszustand einen offiziell anerkannten Status. Als Kind und Jugendlicher hatte er in einem Land – Jugoslawien – gelebt, das seine Identität als Kroate nicht gerade unterstützte.

Wenn er in der alten Heimat ist, stellt ihm irgendjemand immer die Frage, ob er sich denn schon »verkauft« habe. Nein, antwortet er dann, er habe noch seinen kroatischen Pass. Und er denke auch nicht daran, ihn gegen den deutschen auszutauschen. Jedenfalls nicht unter den derzeitigen Bedingungen. Mit dem deutschen Pass wäre er ein »Ausländer« in Kroatien, müsste sich jedes Mal bei der Anmeldebehörde registrieren und sogar Kurtaxe bezahlen. »Da käme ich mir ziemlich seltsam vor«, sagt Stjepan Herceg.

»Ich hätte in meinem Elternhaus ein komisches Gefühl. Ich müsste jedes Mal, wenn ich heim komme, mich rechtfertigen, müsste sehr viel erklären.« Das ist ihm zu mühselig, zu strapaziös. Die Kosten und das aufwendige Verfahren nennt er als weitere Hindernisse für die Einbürgerung, zumal er keinen unmittelbaren Vorteil, keinen Gewinn für sich sieht. »In meiner Umgebung, und in meiner Beziehung zu Menschen würde sich doch nichts ändern.« Nicht sein Akzent, nicht sein Name. Er würde – spekuliert Stjepan Herceg – nach wie vor als der Ausländer gelten, und er selbst würde sich nach wie vor als Kroate mit deutscher Staatsangehörigkeit fühlen. »Ich bin Kroate, war es und werde es bleiben.« Also belässt er es bei dem Ist-Zustand.

»Ich wäre nicht besser integriert, wenn ich den deutschen Pass hätte«, meint der 54-Jährige. Das Ausweisdokument sei kein Garant für die Integration. Wenn die Menschen mitbestimmen könnten über die Politik ihrer Kommune, in die ihre Steuern fließen, dann würden sie sich mehr mit diesem Land identifizieren.

Ungern lässt sich Stjepan Herceg auf Diskussion um Identität und Staatsbürgerschaft ein. Es gibt Situationen, in denen er gar nicht erwähnt, keinen deutschen Pass zu haben; und zwar dann, wenn er das Gefühl hat, Menschen gegenüber zu stehen, vor denen er sich rechtfertigen müsste dafür, dass er noch nicht eingebürgert ist. »Viele verstehen ja nicht, dass einer wie ich – also ein integrierter Migrant – sich nicht einbürgern lässt«, sagt Stjepan Herceg.

Der Caritas-Mitarbeiter beschreibt sich selbst als »im Prozess der Integration ziemlich weit gekommen«. Er kam eigentlich nur zum Studieren – und nicht mit der Absicht, hier zu bleiben. Die Ordensgemeinschaft der Salesianer unterstützte ihn, übernahm die Bürgschaft, damit die Ausländerbehörde ihm eine Aufenthaltsgenehmigung zum Studieren erteilte. »Nach dem Examen hätte ich im Grunde nicht hier bleiben dürfen«, berichtet Stjepan Herceg. Sein Studium – zunächst Theologie, dann im Anschluss Sozialpädagogik – beendete er 1981.

Hätte er ein Jahr zuvor nicht beim Katholikentag in Berlin an dem Forum »Ausländer in Deutschland« teilgenommen, dann wäre sein Leben möglicherweise ganz anders verlaufen. »Dort habe ich erfahren, dass für die Sozialdienste der Caritas Mitarbeiter mit interkultureller Kompetenz gesucht wurden.« Das Profil passte zu ihm, also bewarb er sich und bekam bei der Caritas eine Anstellung. Herceg profitierte von der Ausnahmeregelung für Sozialarbeiter, für die Betreuung von Mitmenschen aus den Anwerbeländern zunächst eine befristete Arbeitserlaubnis zu erhalten. In Bad Säckingen an der Schweizer Grenze trat er seine Stelle als Sozialarbeiter für Arbeitnehmer aus Jugoslawien an. Nach sieben Jahren wechselte er zum Deutschen Caritasverband nach Freiburg, zum Referat Ausländische Arbeitnehmer, wo er »Nationalreferent« für seine Landsleute wurde. Heute heißt die Abteilung »Migration und Integration« und dort ist Stjepan Herceg immer noch beschäftigt.

Seit sieben Jahren lebt er mit seiner Familie in Breisach an der französischen Grenze, einer kleinen Stadt am Rhein. Und wie in seinem Geburtsort wird in Breisach und am Kaiserstuhl Wein angebaut. »Die Landschaft ähnelt der meiner Heimatstadt, daher fühle ich mich sehr, sehr wohl hier«, sagt Stjepan Herceg. Im Gegensatz zu vielen anderen Migranten habe er keine Ablehnung als Ausländer erlebt. Ein Vorteil für seine Integration sei zweifelsohne gewesen, dass er aus dem gleichen Kulturkreis stamme. Die katholischen Bräuche in Bayern, Südbaden und in seiner Heimat ähneln sich sehr. »Abgesehen von der Sprache und den schöneren Häusern und besseren Straßen gab es nicht so viele Unterschiede, das Einleben fiel mir daher nicht schwer.«

Er liebt seine Heimat Kroatien, und er lebt gerne in Deutschland. Aufgewachsen ist Stjepan Herceg in Nordkroatien, in der Nähe von Zagreb. Seine ganze Verwandtschaft lebt noch dort, er ist der einzige, der weggegangen ist. Er kehrt aber immer wieder zurück nach Kroatien, in den Ort seiner Kindheit und Jugend, in sein Elternhaus. Er besucht seine Familie, Verwandtschaft und Freunde. Sehr intensiv beobachtet er das politische Geschehen, verfolgt die sportlichen und kulturellen Ereignisse. Mit dem Internet, der verbesserten Infrastruktur und den Billig-Airlines sei seine Heimat näher gerückt. »Ich fliege manchmal für 19 Euro«, berichtet Stjepan Herceg. In den ersten Jahren, als es noch keine guten und billigen Flugverbindungen gab, da war die Fahrt mit dem Auto oder Bus wie eine Weltreise.

»Auch nach 30 Jahren freue ich mich auf den Besuch in Kroatien, das mit ganz vielen Kindheitserinnerungen verbunden ist, und freue mich dann aber auch wieder auf die Rückkehr nach Deutschland. Wenn ich schon von Ferne das St. Stefan Münster von Breisach sehe, dann sage ich mir, ach, da bin ich also wieder daheim.«

Die Diskussion darüber, ob der deutsche Pass am Anfang oder am Ende der Integration stehen sollte, findet Stjepan Herceg mühselig. »Der Pass ist doch kein Integrationsausweis.« Viele betrachteten ihn lediglich als ein Reisedokument. »Ich habe noch keinen kennen gelernt, der von sich gesagt hat: ›Ich habe den deutschen Pass beantragt, weil ich so weit integriert bin und meine, jetzt Deutscher sein zu dürfen.‹«

Was bringt mir der deutsche Pass persönlich? Nicht viel, zu dieser Einsicht ist Stjepan Herceg gelangt. Zumindest dann nicht, wenn damit der Verlust des kroatischen Passes verbunden ist. Er hatte gehofft, dass lange in Deutschland lebende Migranten eingebürgert werden, ohne den Pass ihres Herkunftslandes abgeben zu müssen. Stjepan Herceg meidet anfangs den Begriff »Doppelte Staatsangehörigkeit«; später erklärt er, warum er Probleme damit hat. Diese Formulierung impliziere »ein Mehr« und erwecke bei vielen Deutschen den Eindruck, dass die Migranten mehr als sie selbst hätten, wenn sie eingebürgert würden, ohne den Pass ihres Herkunftslandes abzugeben. Da komme wohl so etwas wie Neid auf. Wir haben ja auch nur die deutsche Staatsangehörigkeit, warum sollen »die« mehr als wir haben.

»Ich glaube, dass die doppelte Staatsbürgerschaft meine Identität spiegeln würde«, sagt er. Es gibt aber noch eine andere Lösung, die ihn zufrieden stellen würde: ein vereintes Europa, in dem die einzelnen Identitäten und Nationalitäten erhalten bleiben mit all den unterschiedlichen kulturellen Prägungen, in dem der EU-Pass die Länderpässe ablöst. »Ich hoffe, dass ich das noch erlebe.«

Warum nur Herr Altunçiçek
einen deutschen Pass hat

Das Ehepaar Salih und Zehra Altunçiçek hat drei Kinder. Salih lebt seit 1979 in Deutschland. Seine Frau Zehra ist eine so genannte Import-Braut, stammt wie er aus der mittelanatolischen Stadt Konya; Zehra und die Söhne im Alter von acht, 18 und 19 Jahren sind türkische Staatsbürger, während der 41-Jährige stolzer Besitzer eines deutschen Ausweises ist. Im hessischen Friedberg, wo die Familie lebt, hat Salih ein Taxiunternehmen.

Für Einbürgerungskampagnen der Bundesregierung wäre Salih Altunçiçek der ideale Werbeträger. Wenn er davon spricht, warum es so wichtig ist in diesem Land, in dem er seit 1979 lebt, einen deutschen Ausweis zu haben, dann klingt das sehr überzeugend. Es sei ein »ungeheuer tolles Gefühl«, erzählt Salih, vor einem deutschen Behördenmenschen zu stehen und den deutschen Ausweis vorzulegen. Mit Ämtern und Institutionen hat der Taxiunternehmer beruflich immer wieder zu tun, und sein subjektives Empfinden ist, dass er nunmehr anders – nämlich besser – behandelt wird.

Er fühlt sich auch viel sicherer. Er muss keine Angst mehr haben, ausgewiesen zu werden. Zwar hat sich Salih nie etwas zu Schulden kommen lassen, aber er hatte Angst davor, dass seine Geschäfte schlecht laufen und die Familie auf Sozialhilfe angewiesen sein könnte. »Wenn man keine Arbeit hat und dem deutschen Staat zu sehr auf der Kasse liegt, dann können sie einen ja auch rausschmeißen.«

Mit dem deutschen Ausweis in der Brieftasche lebt Salih viel entspannter. Und selbstbewusster ist er auch geworden, tritt nicht mehr als Bittsteller auf, sondern als ein Mensch, der »auch Rechte in diesem Land hat«. Jahrzehnte lang hat er Steuern bezahlt und dabei das Gefühl gehabt, für den deutschen Staat nicht mehr als eine Einnahmequelle zu sein. Er freut sich auf den Tag, an dem er erstmals seinen Stimmzettel in die Wahlurne stecken kann. »Bis zu meinem 40. Lebensjahr habe ich kein einziges Mal wählen können – weder in der Türkei noch hier.« Seine Bürgerrechte in Anspruch zu nehmen, das empfindet Salih daher geradezu als seine Pflicht. »Endlich kann ich auch mal mitbestimmen darüber, was mit meinem Geld passiert«, sagt der Taxiunternehmer voller Inbrunst.

Der 41-Jährige, der mehr als die Hälfte seines Lebens in der hessischen Kreisstadt Friedberg gelebt hat, spricht über seine unangenehmen Erfahrungen bei deutschen Behörden; davon, wie er sich abgewimmelt und nicht ganz ernst genommen fühlte, wenn er hier und da seinen türkischen Ausweis vorlegte. Und er erinnert sich an Kontrollen des deutschen und türkischen Grenzschutzes. »Bei jeder Einreise haben sie meinen Pass Seite für Seite überprüft, als ob ich ein Krimineller wäre.« Er empfand das als demütigend, zumal er sah, wie Passagiere mit deutschen Ausweisen durchgewinkt wurden. Allein der Gedanke an seine erste Türkeireise mit deutschem Ausweis bereitet ihm sichtbare Freude.

Salih berichtet von der langen Warterei im Türkischen Generalkonsulat in Frankfurt und der herablassenden Art der Konsulatsmitarbeiter, »die nehmen uns doch genauso wenig ernst wie deutsche Beamte«. Was ist er doch froh, dass er nicht mehr hin muss zur diplomatischen Vertretung der Republik Türkei. Er nicht. Aber seine Söhne und seine Frau werden dort auch künftig das eine oder andere Mal eine Wartenummer ziehen müssen. Denn zum Leidwesen des Familienoberhaupts haben Ehefrau und Kinder keine deutschen Pässe. Wegen mangelnder Deutschkenntnisse erfüllte Zehra nicht die Einbürgerungsbedingungen. Weil nach türkischem Recht minderjährige Kinder aus der Staatsangehörigkeit nur dann entlassen werden, wenn beide Elternteile sich ausbürgern lassen, erfüllten auch die Söhne der Altunçiçeks die Voraussetzungen der Einbürgerung nicht. Ohne Einbürgerungszusage entlässt die Türkei ihre Bürger nicht aus der Staatsangehörigkeit, und ohne Entlassung aus der Staatsangehörigkeit gibt es für Kinder türkischer Familien wiederum keine Einbürgerungszusage. Wäre das Herkunftsland der Familie Altunçiçek nicht die Türkei, sondern Pakistan, dann wäre die Rechtslage eine ganz andere gewesen und die Söhne wären zusammen mit dem Vater eingebürgert worden. Denn das pakistanische Recht knüpft an den Vater an.

Es war im Frühjahr 2004, als Salih für sich und seine Familie die Einbürgung beantragte. Viele Mühen hat es ihn gekostet, all die Formalitäten zu erfüllen, Anträge auszufüllen, Formulare zu vervielfältigen, Fotos zu beschaffen und so weiter. Daran, dass seine Frau den Sprachtest nicht bestehen könnte, hatte er nicht gedacht.

Zehra erinnert sich an ihre Prüfung: »Der Beamte gab mir einen Zeitungsartikel, verließ den Raum und ließ mich in Ruhe lesen.« Kurze Zeit später kam er wieder rein und bat sie, zu erzählen, worum es in dem Text geht. Als sie versuchte, den Inhalt des Artikels über einen Lastwagenunfall in radebrechendem Deutsch wiederzugeben, da schmunzelte der Beamte. »Daraufhin habe ich auch angefangen zu lachen.«

Im Gegensatz zu seiner Frau kann sich Salih nicht darüber amüsieren, dass sie den Sprachtest nicht bestanden hat. Vor allem wegen der Konsequenzen für seine Söhne. Sie wären mittlerweile eingebürgert, heute wollen sie nicht mehr. Da kann der Vater noch so viele gute Argumente anführen.

Vielleicht ist es Trotz, vielleicht Stolz, vielleicht auch beides, das die Söhne davon abhält, des Vaters Ratschlag zu befolgen. »Allein, um nicht in der Türkei zum Militärdienst zu müssen, solltet ihr den deutschen Pass beantragen«, dieses Argument müsste überzeugen, meint der Vater. Aber Pustekuchen!

»Wir wollen unseren Militärdienst in der Türkei absolvieren«, antworten die Söhne. Dass sie die je 5.000 Euro, die für den verkürzten Militärdienst an den türkischen Staat zu zahlen sind, sinnvoller ausgeben könnten, auch diese Erklärung hilft nicht weiter.

»Ich sehe keine echten Vorteile«, sagt Ugur. Selbst wenn er den deutschen Pass hätte, er bliebe doch für die anderen »der Türke«, er würde als »Mensch zweiter Klasse« behandelt werden, meint der 19-Jährige, der die Mittlere Reife gemacht, aber keinen Ausbildungsplatz bekommen hat. »Ich sehe aus, wie ich aussehe, und ich habe einen türkischen Namen.« Außerdem: Warum soll er Staatsbürger eines Landes werden, mit dem er sich nicht identifiziert? Das nachzuvollziehen, fällt schwer, weil Ugur hier geboren und aufgewachsen ist und hier auch Freunde hat. Und weil er einen Vater hat, der von sich sagt, in Friedberg Wurzeln geschlagen zu haben und Rückkehrträume seiner Frau nicht nachvollziehen kann, der realistisch ist und sagt: »Ich bin zwar gerne ein paar Wochen in der Türkei, aber hier ist mein Zuhause, hier fühle ich mich wohl.«

Ugur fühlt sich mehr zum Herkunftsland seines Vaters hingezogen als dieser selbst. In der Türkei, die er aus Reisen kennt, geht es ihm gut. Im Urlaub sieht er nur die Zuckerseiten. Die positiven Erinnerungen haben scheinbar eine immense Sogwirkung!

Der 18-jährige Durmus ist zwar weniger pathetisch und hinterlässt nicht den Eindruck, auf sein »Türke-Sein« stolz zu sein wie sein älterer Bruder. Mehr Ambitionen, seinen Pass zu wechseln, hat er aber auch nicht. Der Jüngste wiederum, der achtjährige Emre, interessiert sich für das Thema überhaupt nicht. Er will viel lieber ins Freie als mit den Erwachsenen im Wohnzimmer zu sitzen und über Dinge zu sprechen, die er nicht versteht. Schließlich fragt Emre seinen Vater auf Deutsch, ob er mit seinen Freunden Fußball spielen darf.

Zehra und ihre Söhne blieben das, was sie waren, und Salih wurde zum »Hans«. So nämlich nennen ihn Ehefrau und Kinder, wenn sie ihn necken wollen.

Ein »Hans« ist er seit 8. Februar 2006. Salih erinnert sich gut an den Tag, an dem ihm »Herr Müller vom Bürgerbüro« der Kreisstadt Friedberg knapp zwei Jahre nach der Antragstellung die Einbürgerungsurkunde aushändigte. Kein feierliches Ereignis war das, es gab lediglich Händeschütteln und Gratulationen zu dem hellgrünen Papier im DIN A4-Format – zu unspektakulär in Anbetracht der Tatsache, was Salih mit dem Entgegennehmen des Dokuments verbindet.

Seine Frau Zehra ist nicht traurig darum, dass sie solch ein Dokument nicht bekommen hat. Im Gegenteil. Sie hat sich sogar gefreut, dass sie bei der Prüfung »durchgefallen« ist. »Ich will gar keine Deutsche werden«, sagt sie. Sie sei vielmehr »traurig« darüber, dass ihr Mann seinen türkischen Pass weggegeben habe. Ein bisschen Trauer muss auch Salih verspürt haben, als er seine türkischen Dokumente beim Konsulat annullieren ließ: »Mir war seltsam zumute, ich hatte Stiche am Herz, als der Beamte zur Schere griff und meinen türkischen Ausweis zerschnitt.« Über diese Situation zu sprechen fällt Salih schwer. Doch dann fasst er sich wieder und hat die passende Formulierung für seine Befindlichkeit in jenem Moment: »Es war wie ein Einschnitt in meine Identität.«

Dann wechselt Salih das Thema, auf der Gefühlsebene will er sich nicht allzu lange aufhalten; stattdessen holt er seinen Ausweis hervor und zeigt, dass dieser viel praktischer sei als der viel größere türkische Pass, der in kein Portemonnaie passt.

Salih sieht seine Zukunft in Deutschland; daher hat er sich für den deutschen Pass entschieden. Auch Zehra lebt mittlerweile ganz gern Friedberg. »Wir haben hier ja alles, was wir brauchen«, sagt sie. Eine türkische Infrastruktur, die den Alltag erleichtert, jede Menge Landsleute als Nachbarn und das Taxiunternehmen, das ihr Mann vor nunmehr 15 Jahren mit seinen beiden Brüdern dort aufgebaut und das der Familie zu einem gewissen Wohlstand verholfen hat. Andererseits träumt Zehra von einer Rückkehr in die Heimat. Nicht in absehbarer Zeit, aber später, wenn die Söhne verheiratet sind, würde sie schon gerne in ihrem Heimatort leben. Salih will davon nichts wissen und erklärt ihr: »Beni bu hayallerine katma – baue mich in diese Träume nicht ein.«

»Ein Stück Papier, das einem das Leben ungeheuer erleichtert«

Yalçin Sarikaya

Als Sohn türkischer Eltern kam Yalçin Sarikaya in München zur Welt. Besondere Bindungen zum Herkunftsland seiner Eltern hat der 32-Jährige nicht, wiewohl er die Türkei als Urlaubsziel mag. Vor fünf Jahren wurde er eingebürgert. Der Systemingenieur ist verheiratet mit einer »Gleichgesinnten«, einer türkischstämmigen Frau. Das Paar lebt in München.

Wenn Yalçin Sarikaya gefragt wird, was er denn ist, kommt er in Erklärungsnot. Ja, was ist er denn nun? Er ist jedenfalls kein Türke, weil er in Deutschland geboren wurde und hier aufgewachsen ist und weil er keinen anderen als den deutschen Pass hat. Er ist auch deshalb kein Türke, meint der 32-Jährige, weil er anders denke als viele der hiesigen Türken in seinem Alter. Er lege Wert auf Gleichberechtigung von Mann und Frau, er käme nie auf die Idee, seiner Frau dies oder jenes zu untersagen oder sich in ihre Angelegenheiten einzumischen.

Ein Deutscher ist Yalçin aber auch nicht – nicht jedenfalls, wenn es um sein Gefühl geht. Ein deutscher Staatsbürger, ja, das ist er zweifelsohne. Im Grunde hat er eine eher gleichgültige Haltung in puncto Nationalität. »Ich mache mir da nicht so viele Gedanken darum«, sagt er. Türke, Grieche oder Deutscher, das sind Kategorien, die für ihn unwichtig sind. Seine Identität hänge nicht von der Zugehörigkeit zu einem Staat ab. Er definiert sie an der Stadt, in der er zur Welt kam und aufgewachsen ist und sehr gerne lebt. Er ist »definitiv« ein Münchener. »Mit dieser Stadt kann ich mich voll identifizieren«, sagt der 32-Jährige. Er mag die Münchner Lebensart, die Biergärten, in denen er sich bei entsprechendem Wetter mit Freunden trifft, das Essen, das ihm sehr gut schmeckt. Er mag das Stadtbild und die Landschaft drumherum.

Yalçin ist Sohn türkischer Eltern, die Ende der 60er-Jahre als Gastarbeiter nach

Deutschland kamen. Aus der türkischen Provinz in die bayrische Metropole – die Umstellung auf das hiesige Leben war für seine Eltern nicht leicht; zwar wurde in der Familie nie von der Rückkehr gesprochen, aber so richtig angefreundet und eingelassen haben sich die Eltern auf Almanya nicht. Im Gegensatz zu ihrem Sohn, der perfekt Deutsch mit bayrischem Dialekt und Türkisch wiederum mit unüberhörbarem deutschen Akzent spricht. In Giesing, einem ehemaligen Arbeiterviertel, ist Yalçin aufgewachsen, dort hat er Freundschaften geschlossen mit türkischen Jugendlichen und als Heranwachsender auch »viel Blödsinn gemacht«.

Er besuchte die Hauptschule und machte dann eine Ausbildung als Feinmechaniker bei Siemens, ließ sich zum Maschinenbautechniker fortbilden und stellte wiederum fest, dass das nicht der »Traumjob« war. Auf der Suche nach einem Beruf, der ihm Spaß macht, ließ er sich zum Systemingenieur ausbilden. Erst arbeitete er selbstständig, seit zwei Jahren ist er bei einer Firma angestellt.

Als er 18 Jahre alt war, lernte er Özlem kennen. Sie ist eine Gleichgesinnte, auch sie hat türkische Eltern, auch sie ist hier zur Welt gekommen. Dass Özlem auch eine »Landfrau« ist, war für ihn aber nicht ausschlaggebend. Hätte er sich in eine Deutsche verliebt, dann hätte er auch nicht gezögert, sie zu heiraten.

Im Gegensatz zu Yalçin hat Özlem noch ihren türkischen Pass. Den Einbürgerungsantrag hat sie erst im Sommer 2006 eingereicht, nach langem Überlegen konnte sie sich dazu entschließen. »Irgendwie habe ich wohl darauf gewartet, dass ich eingeladen werde, Deutsche zu werden«, sagt Özlem. Sie habe sich nicht anbiedern wollen. Später, als die Diskussion um den Doppelpass begann, hoffte sie, dass sich rechtlich etwas tut. Es sei doch eigentlich beschämend, dass ein Mensch wie sie, der hier zur Welt gekommen ist und sich hier zu Hause fühle, sich einem aufwendigen Verfahren der Einbürgerung aussetzen müsse. Als sie merkte, dass das Staatsbürgerrecht eher verschärft wird, hat die 32-Jährige einen Antrag gestellt.

Yalçin hingegen hat seine Einbürgerung vor sieben Jahren beantragt. Seine Urkunde hat er im August 2001 erhalten – mit einem Handschlag eines Mitarbeiters der Einbürgerungsbehörde. »Das war schon ein rührender Augenblick«, erinnert sich Yalçin. Dann sei er nach Hause gegangen und habe die Einbürgerungsurkunde sofort seinen Eltern gezeigt. Ab und an, wenn er in seinen Unterlagen krame, tauche die Urkunde auf. Dann erinnert er sich auch an die hohe Gebühr. »Ich weiß noch, dass ich gedacht habe, dass es viel Geld ist, viel zu viel, als ich die 500 Mark überwies«, erzählt Yalçin. Heute denkt er anders, heute kann er sagen: »Es hat sich doch gelohnt.«

Er macht es sich selten bewusst, welche Vorteile er mit dem deutschen Pass habe, weil es ihm zu einer Selbstverständlichkeit geworden ist. Ohne weiteres kann er in all die Länder reisen, für die er als türkischer Staatsbürger ein Visum bräuchte.

Dieses Handicap war es auch, das ihn veranlasste, deutscher Staatsbürger zu werden. Yalçin erinnert sich an eine Situation aus seiner Zeit als Jugendlicher: Als er mit seinem deutschen Freund in die Türkei reiste, da sei der deutsche Freund durchgewinkt worden. Ihn hingegen hätten die türkischen Grenzschutzbeamten kontrolliert ohne Ende. Das hat ihn ziemlich geärgert! Jetzt zeigt auch er einen deutschen Pass und wird durchgewinkt.

Yalçin denkt laut nach und stellt fest, dass es doch eigentlich nur ein Stück Papier sei ... aber eben eines, das einem das Leben ungeheuer erleichtert. Er ist froh, den deutschen Pass zu haben, zumal er keine besonderen Bindungen zur Türkei habe. Aber zu Deutschland hat er sie auch nicht. »Es könnte sein, dass ich später auch in einem ganz anderem Land lebe«, sagt Yalçin. Wichtiger als der Pass sei die Sprache. Ohne die Sprache des Landes, in dem man lebe, sei man doch aufgeschmissen.

»Mit der Einbürgerung kam Ruhe in das Leben der Familie«

Hangama Kawa

Fünf Jahre alt war Hangama Kawa, als sie nach Deutschland kam. In Kabul wurde sie geboren, in Bad Kreuznach ist sie aufgewachsen. Sie hat sich hier bald heimisch gefühlt und als 21-Jährige einbürgern lassen; zunehmend wächst aber ihr Gefühl, doch nicht dazuzugehören. Die 35-Jährige ist verheiratet, ihr Mann stammt ebenfalls aus Afghanistan. Das Ehepaar lebt in Rüsselsheim und hat einen kleinen Sohn.

Wenn Hangama Kawa in sich horcht, dann hört sie öfter als früher eine Stimme, die ihr sagt: »Eine richtige Deutsche bist du doch nicht, so richtig gehörst du nicht dazu!« Diese Stimme wird lauter – je unsachlicher die Integrationsdebatte auf politischer Ebene geführt wird. Sie sagt: »Migranten werden mit Muslimen und Muslime mit undemokratischen Werten und Normen gleichgesetzt; in dieser Gleichung finde ich mich überhaupt nicht wieder.« Zwar stammt Hangama Kawa aus einem muslimischen Land, aber eine unterdrückte Frau ist sie deswegen keineswegs. Das ist eine Selbstverständlichkeit für sie, nicht jedoch für die »anderen«.

Es gebe hierzulande eine Gruppe von Auffälligen, und daraus werde bedauerlicherweise abgeleitet, dass Migranten – und gemeint seien in diesem Zusammenhang Muslime – grundsätzlich Problemfälle seien. Die Diskussion um die Integrationskurse, die Zugewanderte mit dem Leben in der Bundesrepublik vertraut machen sollen, würde Hangama Kawa gerne um eine weitere Gruppe erweitern – um Einheimische. So manchem müsse nämlich vermittelt werden, dass beispielsweise Deutschland schon viel früher ein Einwanderungsland gewesen sei, muslimische Männer nicht grundsätzlich ihre Frauen schlügen und Menschen, die »fremd« aussehen, durchaus Deutsche sein könnten und eben auch die deutsche Sprache beherrschten. Dann müssten sie und ihresgleichen sich vielleicht weniger rechtfertigen. Hangama Kawa sagt, dass sie sich zunehmend in Erklärungsnot befinde und in die Situation gerate, zu betonen, dass sie keine bemitleidenswerte, rechtlose Muslima sei. Das hierzulande gängige Klischee über die Frauen aus dem islamischen Kulturkreis entspreche keineswegs ihrer Wirklichkeit. Und Frauen wie sie gebe es auch in Deutschland sehr viele. »Wir sind hier die Mehrheit, wir fallen aber nicht auf, eben weil wir so sind und so leben wie andere Frauen.« Sie hat studiert, sie hat geheiratet, sie ist Mutter geworden und ist berufstätig geblieben. Seit sechs Jahren arbeitet die Juristin bei der Stadt Rüsselsheim im Büro für Internationale Angelegenheiten.

Rechtfertigen muss sie sich beispielsweise auch für ihren Mann. »Ich habe ihn kennen gelernt, ich habe mich in ihn verliebt und wir haben geheiratet.« Mehr gebe es dazu eigentlich nicht zu sagen. Eigentlich! Doch es werde sehr viel interpretiert, wenn sie erwähne, dass ihr Mann ebenfalls aus Afghanistan stamme. Sie ertappe sich dabei, wie sie sogleich klarzustellen versuche, dass es sich keineswegs um eine arrangierte Ehe handele und sie ihn auch nicht geheiratet habe, um im eigenen ethnischen Zirkel zu bleiben. Dass sie sich mit einem Mann, der gleiche kulturelle Wurzeln hat, auf emotionaler Ebene viel direkter versteht, das wiederum ist eine Erfahrung, die Hangama Kawa im Laufe der Ehe machte. Der Herkunftskontext erleichtere das Zusammenleben, sagt sie. »Wir müssen nicht so viel erläutern.«

Als Fünfjährige kam Hangama aus Kabul nach Bad Kreuznach. Die Mutter war mit Tochter und Sohn dem Vater gefolgt, der hier als Arzt arbeitete. »Eigentlich ist es eine klassische Geschichte«, sagt Hangama Kawa. Ihre Eltern wollten – wie auch die Gastarbeiterfamilien aus den Anwerbeländern – nur einige Jahre hier bleiben, Geld sparen und sich in der Heimat eine Existenz aufbauen. Doch es kam anders. In ihrem Geburtsland war sie zuletzt 1981 – in dem Jahr, in dem ihre Eltern beschlossen hatten, wieder in Afghanistan zu leben. Der Versuch scheiterte und die Familie kehrte nach Bad Kreuznach zurück. In der Kurstadt wuchs Hangama behütet auf und war mit deutschen Mädchen befreundet. Ausgrenzung ist eine Erfahrung, die sie aus ihren Kindheitstagen nicht kennt. »Ich habe mich hier schnell heimisch gefühlt«, sagt die 35-Jährige. So heimisch, dass sie sich über den »Heimatwahn« ihrer Eltern gewundert habe. »Ihr grenzt euch selbst aus, habe ich erwidert, wenn sie von Zurückweisungen gesprochen haben. Und ich fand es schlimm, dass sie Ablehnungen auf ihr Ausländersein zurückführten«, berichtet sie.

Heute ist sich die Tochter nicht mehr so sicher, ob die Eltern übertrieben haben. Heute kann sie sie besser verstehen. Und das liegt eben auch an ihren jüngsten Beobachtungen. Am Verhalten der anderen stellt sie fest, dass auch sie zuweilen ausgegrenzt wird – wenn etwa jemand wegen ihrer dunklen Haare und ihres dunklen Teints automatisch davon ausgeht, dass sie kein Deutsch versteht. Die häufigen – mal subtilen, mal direkten – Diskriminierungen führen auch bei ihr zu einer Trotzreaktion. »Dann bin ich eben anders«, so ein Gedanke sei ihr früher nie in den Sinn gekommen. »Glücklicherweise habe ich einen gemischten Freundeskreis – Deutsche und Migranten -, in dem Unterschiede auch mal Thema sind, aber nicht zur Ausgrenzung führen.« Gerade diese Freundschaften, diese intensiven Kontakte stabilisierten sie.

Eine Form der Ausgrenzung hat sie als Jugendliche erlebt: Sie fühlte sich zwar nicht als Afghanin, sie war es aber. Ihr afghanischer Ausweis hinderte sie an spontanen Reisen ins Ausland, für viele Länder musste sie sich um ein Visum bemühen. Das hat Hangama sehr geärgert. Geärgert hat sie ebenfalls, dass sie hier nicht wählen durfte. Deutschland war ihre Heimat, und sie lebte hier mit einer Selbstverständlichkeit. »Aber ich war nicht integriert, die Gesetze haben mir Grenzen gesetzt«, sagt Hangama Kawa. Also beantragte sie die Einbürgerung und ging gleich darauf zu ersten Mal wählen. Was das Wahlrecht betrifft, hat die Juristin eine klare Position: »Ausländern«, die hier ihren Lebensmittelpunkt haben, müsste wenigstens das kommunale Wahlrecht zugestanden werden. Ihr Demokratieverständnis sei nicht an die Staatsangehörigkeit geknüpft.

An das Datum ihrer Einbürgerung erinnert sie sich nicht und muss im Ausweis nachschauen. Sehr gut erinnern kann sie sich hingegen an den Tag, an dem sie ihre Einbürgerungsurkunde bekam. Das Dokument kam per Post. Die Art der Zustellung sei nicht gerade ein Willkommensgruß gewesen, sagt sie. Sie sagt aber auch, dass es ihr nicht so viel ausgemacht habe, denn die Einbürgerung habe sie so wahrgenommen, wie ihr die Urkunde zugestellt worden sei – »als einen Verwaltungsakt und eine formale Angelegenheit.«

Ihr Mann hingegen hat seine Einbürgerung nicht so nüchtern betrachtet. Hamed Saten hat aber eine ganz andere Geschichte. Als er 1993 aus Afghanistan flüchtete, da war er 17 Jahre alt. Viele Jahre lebte er hier mit einem unsicheren Status und fühlte sich als Außenseiter. »Mein Mann war emotional unglaublich gerührt, als er eingebürgert wurde«, erinnert sich Hangama Kawa. Mit Freunden hat Hangama für ihren Mann eine Überraschungsparty organisiert. Mit deutschen Fahnen, deutschem Essen und einer selbst gebastelten Einbürgerungsurkunde wurde der Neubürger zu Hause empfangen. Und zur Begrüßung sangen Ehefrau und Freunde die deutsche Nationalhymne. Eigentlich sollte die Feier ein Jux sein, doch Hamed Saten war sehr gerührt. Das Deutschwerden war für ihn eine ernste Angelegenheit. Denn mit der Einbürgerung kam Ruhe in das Leben der Familie.

Der deutsche Pass weckt das Interesse an der Politik

Mamadou Kéré

Der aus Mali stammende 46-Jährige lebt seit 1994 in Deutschland. Er ist Vater von zwei Töchtern im Alter von zwölf und sechs Jahren und zweifelsohne der bekannteste Briefzusteller in Offenbach. Mamadou Kéré hat seit Sommer 2006 einen deutschen Ausweis.

Gibt es so etwas wie einen vorgeschriebenen Weg? Bestimmung? Schicksal? Mamadou Kéré bringt diese Fragen ins Gespräch. Er sitzt in seinem Wohnzimmer auf der Couch und denkt laut darüber nach, was ihn nach Deutschland geführt hat und was ihn hier hält. »Hätte ich nicht eine Deutsche kennen gelernt, dann wäre ich jetzt ganz bestimmt nicht hier«, sagt er. Es war also die Liebe, ist seinen Ausführungen zu entnehmen, die sein Schicksal lenkte. In Tenkodogo, einer Stadt in dem westafrikanischen Staat Burkina Faso, wo Mamadou Kéré als Grundschullehrer arbeitete, lernten sich die Deutsche und der Afrikaner kennen. »In einer Diskothek, der einzigen Attraktion der Stadt.« Und in der Zeit danach liefen sie sich immer wieder über den Weg, nichts Ungewöhnliches in einer Kleinstadt wie Tenkodogo. Sie war mit einem Mofa unterwegs, er zu Fuß. Anfangs trafen sie sich zufällig, später verabredeten sie sich. Und irgendwann stellten beide fest, dass sie sich in einander verliebt hatten.

Doch dann endete die Projektzeit der jungen Biologin, die in Burkina Faso über die Savannenvegetation geforscht hatte, und sie musste nach Deutschland zurück. Die Trennung überbrückten die beiden zunächst mit Briefen, dann auch mit gegenseitigen Besuchen. Schließlich entschied das Paar, zu heiraten und in Deutschland zu leben. Mamadou wundert sich darüber, dass er sich ohne Bedenken für einen dauerhaften Aufenthalt hat entscheiden können. Ein paar Jahre bevor er Ulrike kennen gelernt hatte, war er nämlich schon einmal einer Frau in ihr Heimatland gefolgt. Damals war es eine Französin. Wegen seiner Sprachkenntnisse konnte er sich in Frankreich zwar einleben, trotzdem hielt er es dort nicht lange aus. »Ich hatte solch eine Sehnsucht nach meiner Stadt«, sagt Mamadou Kéré. Ein paar Jahre danach lernt er eine Deutsche kennen, und ihr zu folgen, fällt ihm nicht schwer. Das Paar heiratete 1993 in Mamadous Heimat und kam 1994 nach Deutschland. »Das ist doch Schicksal«, meint der aus Mali stammende Mann. Als solches deutet er es auch, dass er – von Beruf eigentlich Lehrer – als Briefzusteller arbeitet. »Ich bin zufrieden damit«, sagt er. »Ich arbeite, ich verdiene mein Geld, falle niemandem zur Last und lebe mein Leben.«

Er sei »traurig« darüber gewesen, dass sein Studium hier nicht vollständig anerkannt wurde, er hätte gerne – nachdem er an einer Sprachschule Deutsch gelernte hatte – hier noch studiert, das ging aber nicht. »Aus finanziellen Gründen«, erklärt der Vater von zwei Töchtern. Das Ehepaar Kéré bekam nämlich zwischenzeitlich Nachwuchs, und er musste Geld verdienen. Mamadou bekam 1995 in Offenbach eine Anstellung als Briefzusteller, und seitdem geht er dieser Arbeit nach. Die Ehe ist inzwischen geschieden, die Kinder leben bei der Mutter. Mamadou ist von Frankfurt nach Offenbach gezogen und ist dort – wegen seiner dunklen Hautfarbe – der wohl bekannteste Briefzusteller.

Wenn der große, kräftig gebaute Mann von seiner Arbeit erzählt, dann ist auch immer ein Lächeln in seinem Gesicht. Er amüsiert sich darüber, dass manche Menschen ihm mit Misstrauen begegnen, weil sie befürchten, dass er die Briefe nicht an die richtigen Adressen zustellen könne. »Ein Schwarzer als Briefsteller – das hat anfangs für Irritationen gesorgt«, sagt er. Es kam auch mal vor, dass er gefragt wurde, ob er lesen und schreiben könne. Über solche Begebenheiten schmunzelt Mamadou. Beleidigungen dieser Art fechten ihn nicht an. In Burkina Farso hat er Kindern Lesen und Schreiben beigebracht; er weiß, was er kann und was nicht. Es mag mit seinem multikulturellen Umfeld zusammenhängen, dass er bislang ob seiner Hautfarbe keine direkte Diskriminierung erfahren hat. »Was die Leute über mich denken, weiß ich natürlich nicht«, sagt er.

Anfangs hat sich Mamadou die Option einer Rückkehr offen gelassen und sich vom Schuldienst in Tenkodogo lediglich beurlauben lassen. Gedanken dieser Art rückten nach und nach in die Ferne, und er konnte sich mit der Idee anfreunden, sich einbürgern lassen. Er hat sich zwar schwer getan damit, weil er die Staatsbürgerschaft seines Geburtslandes nicht behalten durfte. »Doch dann hat die Vernunft gesiegt«, sagt der 46-Jährige. »Ich stehe mit beiden Füßen hier, und hier sind meine Kinder«, erklärt der Vater von Töchtern im Alter von zwölf und sechs Jahren. Es sind ganz pragmatische Gründe, die ihn zu diesem Schritt bewogen haben.

Seit Sommer 2006 hat er die deutsche Staatsangehörigkeit, und er ist froh, dass »der ganze bürokratische Kram ein Ende genommen hat«. Mit deutschem Ausweis, das will er gar nicht verhehlen, fühlt er sich viel sicherer. Er fühlt sich »dazugehörig« und ist auch »ein bisschen Stolz« auf seine deutschen Dokumente. Unlängst, als er im Einwohnermeldeamt seinen Ausweis vorlegte, um sich in seinem neuen Wohnort anzumelden, da hat er die Vorzüge des neuen Dokuments festgestellt. »Es ging alles viel schneller.«

Seitdem er deutscher Staatsbürger ist, stellt Mamadou einige Veränderungen an sich fest. »Mein politisches Interesse wächst«, sagt er. Früher habe er sich nicht sonderlich mit der deutschen Politik beschäftigt, früher habe er sich mehr als der Außenseiter gefühlt, als einer, der nicht mitzureden hat. »Jetzt verfolge ich die Nachrichten intensiver und versuche herauszubekommen, was die Ziele der einzelnen Parteien sind.« Schließlich wolle er genau wissen, welcher Partei er seine Stimme geben soll.

Nicht verschweigen will er seinen Ärger darüber, dass er für den Wechsel der Staatsbürgerschaft so viel Geld zahlen musste. »Ich richte meinen Lebensstandard nach meinem Einkommen, und im Verhältnis zu meinem Gehalt sind 255 Euro zu viel«, sagt Mamadou. Er »diene« dieser Gesellschaft und müsse auch noch dafür zahlen, dass er dazugehören darf. Das findet er »komisch« und keineswegs gerecht. »Man muss doch die Menschen einladen, sich einzubürgern und sie nicht dafür solche Summen zahlen lassen.« Das ist sein Standpunkt. Er will gar nicht darüber nachdenken, wie es um seinen Einbürgerungsantrag gestanden hätte, wenn er in der Zwischenzeit arbeitslos geworden wäre. »So etwas passiert doch. Einen neuen Job zu finden, ist doch wirklich nicht leicht in diesen Zeiten.«

»Ich wollte mehr als das Wahlrecht auf kommunaler Ebene«

Ioanna Zacharaki

Ioanna Zacharaki wollte eigentlich hier nur studieren und danach wieder nach Griechenland zurückkehren. Sie kam 1981, und sie blieb. In Aachen studierte sie Germanistik und Soziologie und bekam eine Stelle beim Migrationsfachdienst des Diakonischen Werkes der Evangelischen Kirche im Rheinland. Mittlerweile koordiniert sie die Migrationsarbeit. Die 43-Jährige ist seit 16 Jahren verheiratet – mit einem Griechen. Das Ehepaar hat zwei Töchter, zwölf und 15 Jahre alt.

Manch ein Migrant beneidet Ioanna Zacharaki um ihren Status. Denn sie ist Doppelstaatlerin. Sie konnte Deutsche werden und Griechin bleiben. Weil ihr Herkunftsland nicht aus der Staatsbürgerschaft entlässt. Sie hat aber nur Papiere, mit denen sie sich als Bürgerin der Bundesrepublik ausweisen kann. »Ich habe den griechischen Pass nicht mehr benutzt, und als er ablief, habe ich mich nicht mehr darum gekümmert«, erklärt sie. Das liegt daran, dass sie wenig Zeit hat, um das Prozedere auf sich zu nehmen. Als EU-Bürgerin brauche sie in Deutschland kein griechisches Dokument. Im Laufe der Jahre in Deutschland stellte Ioanna Zacharaki fest, dass ihr Vorhaben, nach dem Studium als Lehrerin in Griechenland zu arbeiten, unrealistisch wurde. Nach und nach fühlte sie sich heimisch, merkte, wie gern sie doch hier lebt. Die Gedanken an eine Rückkehr verflüchtigten sich und die Konsequenz für die gebürtige Griechin war die Einbürgerung.

»Wenn ich hier lebe, hier bleiben will, dann gehört es für mich dazu, diese Grundhaltung auch auf dem Papier zu dokumentieren«, sagt sie. Und mit der Entscheidung, hier zu bleiben, wuchs der Wunsch, dieses Leben hier mitzugestalten. »Ich wollte mehr als das Wahlrecht auf kommunaler Ebene, wie es uns als EU-Bürgern ja zusteht«, sagt Ioanna Zacharaki. Sie hat es nicht nur bei der Stimmabgabe belassen, sondern bei den Kommunalwahlen in Solingen kandidiert – für die SPD. Seit 1999 engagiert sie sich als Stadträtin in der Kommunalpolitik.

Erst während sie darüber nachdenkt, bemerkt sie, dass sich offenbar wieder etwas verändert hat – inzwischen schließt sie eine Rückkehr nicht aus. »Wer weiß, was die Zukunft bringt«, sagt die 43-Jährige.

Wann genau sie ihre deutschen Ausweisdokumente erhalten hat, weiß Ioanna Zacharaki nicht einmal mehr so genau. Sie müsste in den Unterlagen nachschauen, den Weg zum Aktenordner erspart sie sich und rechnet zurück und kommt zu dem Ergebnis, »dass es wohl so sieben oder acht Jahre her ist«. Wenn sie auf weitere Motive für die Einbürgerung zu sprechen kommt, dann fällt auch das Wort »Dankbarkeit«. Der deutsche Pass ist der Ausdruck ihrer Loyalität gegenüber dem Land, in dem sie »sehr viele Chancen bekommen« hat. Sie wisse nicht, wie ihr Leben in Griechenland verlaufen wäre, hier jedenfalls habe sie weitaus mehr Möglichkeiten bekommen, sich zu entfalten – als Frau, als berufstätige Mutter und auch als engagierte Kommunalpolitikerin. In Griechenland, mutmaßt die Mutter von zwei Töchtern, hätte sie unter der sozialen Kontrolle und dem Druck des Kollektivs gewiss ein anderes Leben führen müssen. »Das individualistische System in Deutschland gefällt mir, es entspricht meinem Charakter«, sagt Ioanna Zacharaki.

Aufgewachsen ist die 43-Jährige in einem kleinen Ort zwischen Athen und Thessaloniki. Die finanzielle Not veranlasste ihre Mutter, dem Dorf den Rücken zu kehren und als Gastarbeiterin nach Deutschland zu kommen. »Das war eine sehr mutige Entscheidung von ihr«, meint Ioanna Zacharaki. So ungewöhnlich sei es jedoch nicht gewesen, denn in dieser Zeit seien viele Mütter und Frauen aus dem Dorf nach Deutschland gekommen. Die Mutter kam 1971, angeworben von einer Schokoladenfabrik, nach Aachen. Der Vater blieb mit den acht-, elf- und 13-jährigen Töchtern im Dorf, kümmerte sich um seine Kinder und um seine nicht mehr ganz jungen Eltern. »Mein Vater wollte gar nicht nach Deutschland, er war Schneider und hatte sein Geschäft«, erinnert sich Ioanna Zacharaki. Erst sechs Jahre später folgte der Vater seiner Frau nach Aachen, die Töchter blieben in Griechenland bei Familienangehörigen.

Sie habe durch die Migration der Mutter früh lernen müssen, auf eigenen Beinen zu stehen, meint die 43-Jährige. Das habe ihr jedoch keineswegs geschadet. »Ich habe schon als Kind verstanden, dass meine Mutter Deutschland als eine Chance sah. Auch wenn es schmerzhaft war, wusste ich: Sie geht für eine bessere Zukunft«, sagt Ioanna Zacharaki. Mutter und Tochter schrieben sich Briefe, die Tochter teilte der Mutter ihre Sorgen und Ängste mit, die Mutter wiederum berichtete ihr vom Leben in Deutschland.

»Meine Mutter hat mir den Weg hierher geebnet, und dafür bin ich ihr sehr dankbar«, sagt sie. »Ich bin hier, und ich habe hier was aus meinem Leben machen können. Das ist doch schön!«

Mit den Jahren hat sich ihr Verhältnis zu Griechenland gewandelt. »Es ist das Land, in dem ich groß geworden bin«, bilanziert Ioanna Zacharaki ganz nüchtern. Und dort habe sie die Werte verinnerlicht, die sie charakterlich geprägt hätten. Sie verbringe dort gerne Urlaube, interessiere sich sehr für die antike Geschichte, bewundere das Denken der Altgriechen, eine intensive Beziehung zum Land der Kindheit und Jugend aber habe sie nicht. Dazu fehle ihr die Zeit. »Ich bin jetzt in Deutschland zu Hause, mein Leben spielt sich hier ab, ich orientiere mich am hiesigen Leben und verfolge die Ereignisse in Griechenland nur am Rande«, erklärt sie. Sie mag die demokratischen Strukturen hier, weniger die allzu starke Bürokratie. Sie schätzt an diesem Land, »dass man es zu etwas bringen kann, wenn man Leistung erbringt.«

»Mit dem deutschen Pass fühle ich mich sicherer«
Akli Kebaili

Im Herzen ist Akli Kebaili ein Kabyle, der Staatsbürgerschaft nach Algerier und auch Deutscher. Sein Verhältnis zu Algerien ist gespalten, wie zuweilen auch zu Deutschland. Seit 1979 lebt er hier, und seine Seele träumt noch immer von einer Rückkehr in die Kabylei, in die Berberregion, wo er beheimatet ist. »Vom Kopf her« weiß der 53-Jährige jedoch, dass er hier bleiben wird. Er ist verheiratet mit einer Deutschen und hat einen zehnjährigen Sohn.

»Ich lebe in einem Provisorium«, sagt Akli Kebaili. Er belässt es aber nicht bei diesem Satz. So eine Aussage muss natürlich erklärt werden, denn er lebt ja nicht wirklich in einem Provisorium. Es ist aber so, dass sein Bauch und sein Kopf nicht parallel geschaltet sind. Realistisch betrachtet, wird er hier bleiben. Doch wenn er vor sich hinträumt, dann träumt er auch von einem Leben in seinem Herkunftsort in der Kabylei.

Der 53-Jährige hängt an seiner Heimat, die ist aber nicht der Staat Algerien. Mit der Politik des Landes ist er so gar nicht einverstanden, vor allem nicht mit der »Arabisierungspolitik«, die besonders gegen seine kabylische Kultur und Sprache gerichtet sei. Dem Berber aus der Kabylei, der in Frankfurt sein Zuhause hat, ist es ein Anliegen, die politische Entwicklung in Algerien darzustellen. So berichtet er davon, dass alle Regierungen seit 1962 bestrebt gewesen seien, die kabylische Kultur und Sprache zurückzudrängen. Dank dem Einsatz vieler seiner Landsleute sei es möglich geworden, dass Masirisch – seine Muttersprache – in den Schulen der Kabylei unterrichtet werde. Masirisch sei mittlerweile in Algerien als Nationalsprache in der Verfassung verankert.

Akli Kebaili ist Kabyle und befürwortet im Rahmen eines föderalen Staates – wie etwa Katalonien in Spanien – die Autonomie der Region, aus der er stammt. Intensiv beobachtet er die politischen Entwicklungen in Algerien, dem Land, zu dem er ein sehr ambivalentes Verhältnis hat. Seine Eltern kämpften im Algerienkrieg (1954-1962) für die Unabhängigkeit des Landes; die Mutter wurde im Gefängnis gefoltert, der Vater erschossen – vor den Augen des damals vierjährigen

Akli. Nur kurz spricht er von seiner traumatischen Kindheit, um dann seine Heimat zu beschreiben, die er mit dem Meer und Feigen- und Olivenbäumen verbindet.

Akli Kebaili liebt seine Heimat – die Region Kabylei – und betont gleichzeitig, kein Lokalpatriot im konservativen Sinne zu sein. Man könne mit seiner lokalen Kultur und Identität leben und sich gleichzeitig öffnen für die Welt, ist er sich sicher. Und er hat sich geöffnet für die Welt, ist weggegangen, ursprünglich mit der Absicht zurückzukehren. Wie es so ist im Leben ... nicht alles läuft gradlinig und nach Plan. So ging Akli Kebaili nach seinem Jurastudium in Algier zunächst nach Frankreich; dieses Land erwies sich aber nicht wirklich als eine Herausforderung, zu vieles war ihm dort schon bekannt. Deutschland wurde sein nächstes Ziel, »weil Deutschland bei uns Berbern ein gutes Image hatte«.

Am 11. Oktober 1979 betrat er bundesrepublikanischen Boden und lernte in den nächsten Monaten die Sprache. »Weil ich die Werke von Karl Marx und Friedrich Engels, die damals ein wichtiges Studienthema waren, in der Originalsprache lesen wollte«, sagt er schmunzelnd. Akli Kebaili lernte nicht nur die Sprache und machte sich mit der Kultur und den Gepflogenheiten dieses Landes vertraut, er absolvierte auch ein weiteres Studium (Politik). Schließlich promovierte er und spielte mit dem Gedanken der Rückkehr. Das war auch der Grund dafür, dass er an dem »Reintegrationsprogramm« des Bundesministeriums für wirtschaftliche Zusammenarbeit teilnahm. Ziel des Programms: Akademiker für Lehrtätigkeiten in der so genannten Dritten Welt zu schulen. Bei Akli Kebaili schlug die Idee fehl. Während des sechsmonatigen Praktikums im Herkunftsland stellte er fest, dass er sich dort nicht wohl fühlt. »Ich wollte nicht auf Arabisch unterrichten und die aggressive Arabisierungspolitik des Staates gegen meine Muttersprache unterstützen«, erklärt Akli Kebaili.

So kehrte er zurück nach Deutschland und ließ sich ein paar Jahre später einbürgern. »Wenn ich in einem Land lebe, dann möchte ich die gleichen Rechte wie die anderen haben, also auch politisch teilhaben«, sagt Akli Kebaili. Und auch, dass er sich mit dem deutschen Pass sicherer fühle. Da Algerien zu den Ländern gehört, die nicht aus der Staatsbürgerschaft entlassen, konnte er den algerischen Pass behalten. Die Möglichkeit, Doppelstaatler zu sein, erleichterte ihm die Entscheidung, den Einbürgerungsantrag zu stellen. Aber nicht, weil er an seiner algerischen Staatsbürgerschaft hängt. Ganz und gar nicht. Er hat eine eher negative Beziehung zu seinem algerischen Dokument – »am liebsten würde ich ihn in seiner jetzigen Form gar nicht besitzen«, sagt er. Denn das offizielle Papier spiegle seine kulturelle und politische Identität nicht wieder. »Drei Sprachen sind auf diesem Pass zu lesen – Arabisch, Französisch und Englisch. Aber meine Muttersprache, immerhin eine Landessprache von Millionen Menschen, wird nicht berücksichtigt«, erläutert er. Und trotz all dem ist es ihm wichtig, dass er ein Reisedokument für dieses Land hat. Es ermöglicht ihm die Einreise ohne Visum. Nach dem Prinzip der Wechselseitigkeit verlangen die Algerier von den Deutschen ebenfalls Visa, wenn sie in das nordafrikanische Land einreisen wollen.

Wenn Akli Kebaili nach Algerien reist – das macht er regelmäßig und mindestens einmal im Jahr – dann hat er immer beide Ausweise bei sich. Aus Deutschland reist er mit seinem bundesrepublikanischen Pass aus, dem Grenzbeamten in Algerien wiederum zeigt er seinen algerischen Pass, sonst müsste er sich der Frage stellen, warum er als Deutscher kein Visum habe.

Seit 1992 arbeitet Akli Kebaili in Frankfurt am Main beim Amt für multikulturelle Angelegenheiten. »Die multikulturelle Gesellschaft hat mich schon immer fasziniert und interessiert«, sagt er. Er weiß, welche Probleme das Zusammenleben von Menschen aus unterschiedlichen Kulturen mit sich bringt, er weiß nicht nur von Berufs wegen, was Ausgrenzung und Diskriminierung bedeuten. »Menschen mit Migrationshintergrund haben hier immer wieder Schwierigkeiten«, sagt er. Als ein großes Problem dieser Gesellschaft sieht er, »dass Zugewanderte nicht die Anerkennung bekommen, die ihnen zusteht«. Der promovierte Politologe mutmaßt, dass diesen Menschen nicht viel zugetraut werde.

Vorbehalte von Einheimischen bekommt Akli Kebaili auch selbst zu spüren. Situationen, in denen ihm das Gefühl vermittelt wird, nicht gleichwertig zu sein, bringen sein Verhältnis zu Deutschland durcheinander und er fragt sich, »warum lebe ich hier eigentlich?« Er nennt Beispiele: »Wenn ich erzähle, dass ich Jura studiert habe, dann reagieren die Menschen zunächst mit Respekt. Es kommt dann die Frage: ›Wo denn?‹ Wenn ich ›In Algier‹ antworte, dann höre ich als Reaktion ›Ach so, in Algier‹ und ich weiß dann, was mit diesem ›Ach so‹ gemeint ist, nämlich dass es nicht so hochwertig ist wie ein Jura-Studium in Deutschland.«

Besonders »nervig« findet er es, wenn die Welt in westlich und islamisch geteilt wird. Mit westlicher Welt werde technischer Fortschritt und Zivilisation verbunden, Unterentwicklung wiederum mit den restlichen Ländern. Es wird ihm zu wenig differenziert in den Diskussionen. Religion sei nur ein Element der Kultur, und auch die Menschen in den nicht-westlichen Staaten hätten Recht auf Demokratie, Gleichberechtigung sowie Meinungs- und Religionsfreiheit. Was ihm noch auffällt in seiner Wahlheimat ist, dass zu viel geklagt wird in Deutschland. »Die Menschen haben zu wenig Freude hier«, so sein Eindruck. Wenn er mehr Freude haben möchte, dann geht er in die Natur oder reist nach Paris; in Frankreich findet er immer ein Stück seiner Heimat, der Kabylei.

»Im Alltag spielt mein Ausweis keine Rolle«

Sebnem Açba

 ebnem Açba ist eine gebürtige Düsseldorferin. Als Tochter türkischer Eltern kam sie dort 1962 zur Welt. Die deutsche Staatsbürgerschaft hat sie seit ihrem 20. Lebensjahr. 16 Jahre lang arbeitete sie als Flugbegleiterin, gab dann ihren Beruf auf, um mehr Zeit für ihren Mann und Sohn zu haben.

»Ich bin die Tochter eines türkischen ›Gast-Arbeiters‹. Die Geschichte meiner Familie ist allerdings eine etwas andere als die der klassischen Migranten aus den Anwerbestaaten. Zwar kam mein Vater auch zum Arbeiten nach Deutschland, es war jedoch nicht die finanzielle Not, die meine Eltern hierher brachte. Sie kamen April 1962 nach Düsseldorf. Mein Vater war Mediziner. Er hat in Istanbul studiert, er war einer, der sich für die Forschung interessierte und die Herausforderung suchte. Er hat sich bei unterschiedlichen Firmen beworben – in der Türkei und in Deutschland. Unter den Angeboten entschied er sich schließlich für die Stelle beim Landesuntersuchungsamt Nordrhein in Düsseldorf. In Istanbul hatte er bereits angefangen, Deutsch zu lernen. So hatte er hier nicht ganz so große Anlaufschwierigkeiten.

Eigentlich wollten meine Eltern, wie so viele andere auch, nur ein paar Jahre in Deutschland bleiben. Doch mein Vater fand Gefallen an seiner Arbeit. Er war Infektionsepidemiologe in der Forschungsabteilung des Landesuntersuchungsamts. Als sie nach Deutschland kamen, war meine Mutter schwanger. Drei Monate später bin ich in Düsseldorf zur Welt gekommen. Sechs Jahre später kam mein Bruder. Wir sind im Stadtteil Düsseltal aufgewachsen, hatten deutsche und türkische Freunde. Türkische Freunde aber nicht so viele. In unserem Stadtteil wohnten kaum türkische Familien. Meine Eltern hatten auch türkische und deutsche Freunde. Im Gegensatz zu meinem Vater hat sich meine Mutter hier nicht ganz so wohl gefühlt und geweint, wenn sie türkische Musik hörte. Vor lauter Sehnsucht.

Meiner Mutter habe ich zu verdanken, dass ich gut in der Schule war. Sie hat mir bei den Hausaufgaben geholfen. Sie konnte gut Deutsch, weil sie in Istanbul die Österreichische Schule besucht hatte. Sie kam aus einer wohlhabenden Familie, ihre Eltern haben sie auf die private Schule St. Georg geschickt, dort wird noch immer ein Großteil der Fächer auf Deutsch unterrichtet. Die Sprache half meiner Mutter, sich auf das neue Leben einzustellen. Aber, wie gesagt, heimisch geworden ist sie hier nicht. Ich weiß gar nicht, ob sie auch Deutsche werden wollte; sie starb ja 1981, noch bevor wir eingebürgert wurden. Mein Vater ging ganz in seiner Forschungsarbeit auf, kam aber nicht weiter auf den Stufen der Hierarchie. Das lag nicht an mangelnder Kompetenz, sondern am falschen Personalausweis. Besser gesagt an seiner Herkunft. Denn auch nach der Einbürgerung hat sich nichts daran geändert. Wenn man sich mal überlegt ... er war 20 Jahre beim gleichen Arbeitgeber tätig, hat so viel Zeit und Energie in seine Arbeit gesteckt und ist wegen seiner Herkunft nicht gleichbehandelt worden.

Trotzdem war es eine gute Entscheidung von meinem Vater, die Staatsbürgerschaft zu wechseln. Er war ein Individualist, aber auch ein pragmatischer Mensch. Er hat gesagt, wir sind doch auch Mitglieder dieser Gesellschaft, warum sollen wir nicht auch die gleichen Möglichkeiten haben, wir bleiben doch die gleichen Menschen, auch wenn wir andere Pässe bekommen. Er hat sich dann um alles gekümmert, die Anträge ausgefüllt. Mir war es eigentlich ziemlich egal, welche Staatsbürgerschaft ich habe. Ich habe damals studiert, Islamwissenschaft, Afrikanistik und Germanistik in Köln, habe sogar die Zwischenprüfung gemacht ... war dann aber auf der Suche nach einem Beruf, der mir Spaß macht. Der akademische Betrieb und die ganzen Theorien, das hat mich nicht gefesselt. Ich wollte die Welt sehen, nicht vor Büchern sitzen. Ich bin auf eine Stellenausschreibung der Fluggesellschaft Lufthansa aufmerksam geworden... ja, dann bin ich Stewardess geworden. Für meinen Beruf war der deutsche Pass von Vorteil.

Anfang der 80er-Jahre war das wirklich eine Seltenheit, dass Türken ihre Staatsbürgerschaft wechselten. Wir haben das auch nicht jedem erzählt. Ich war anfangs zurückhaltend, wenn es darum ging, in der Türkei den Pass zu zeigen. Das machte man damals nicht... Türken wurden nicht Deutsche. Was habe ich gefühlt? Mir war ein schönes Foto im Ausweis und im Reisepass wichtiger als alles andere. An mehr erinnere ich mich nicht. Ich war damals 20, müsste mich eigentlich daran erinnern, was mir damals durch den Kopf ging ... ich war mit so vielen anderen Dingen beschäftigt, die Einbürgerung war offensichtlich nicht ein wirklich großes Ereignis für mich. Und heute ist das auch kein Thema, im alltäglichen Leben spielt es keine Rolle. Ich bin deutsche Staatsbürgerin, das ist selbstverständlich für mich. Wenn ich jetzt nicht darauf angesprochen worden wäre, hätte ich auch gar nicht darüber nachgedacht. Ich kann mich jedenfalls nicht genau an den Tag der Einbürgerung erinnern. Mein Vater muss die Urkunden abgeholt haben. Jetzt habe ich ein

Bild vor dem geistigen Auge ... wie wir – mein Vater, mein Bruder und ich – am Abend zusammensitzen und uns die Urkunden genau anschauen, durchlesen und dann die Papiere in Klarsichthüllen stecken und abheften. Das ist schon ein wichtiges Dokument ... aber für mich hat sich, denke ich jedenfalls, dadurch gefühlsmäßig nichts geändert. Wir waren ja schon gut integriert, fielen äußerlich nicht groß auf und wurden im Alltag nicht als Ausländer ausgegrenzt.

Was mir heutzutage noch passiert ist, dass ich auf meinen Namen angesprochen werde. »Sie sprechen doch so gut Deutsch, aber Ihr Name, der ist doch nicht deutsch ...« Dann sage ich, ich bin Deutsche mit türkischer Herkunft, meine Eltern kamen aus der Türkei. Vielen Türken fällt es schwer zu sagen »Ich bin Deutsche«, mir nicht. Es gibt aber Momente, in denen mir vermittelt wird, du kannst keine Deutsche sein, mit dem Namen doch nicht. Das ist bestimmt nicht böse gemeint, ich führe es auf Unbedachtheit zurück und darauf, dass diese Gesellschaft noch nicht realisiert hat, dass es auch Deutsche mit nicht deutsch klingenden Namen gibt. Mein Sohn beispielsweise ist das Kind einer deutschen Mutter und eines deutschen Vaters, mein Mann hat ebenfalls die deutsche Staatsbürgerschaft ... also, mein Sohn hat keinen typisch-deutschen Namen. Er heißt Taylan. Ich bin gespannt, welche Erfahrungen er in fünf, zehn oder 15 Jahren machen wird. Ob sich die Menschen daran gewöhnt haben werden. Ich wünsche es ihm!

Ich bin der Ansicht, dass man als Eltern seinen Kindern Wurzeln und Flügel geben sollte. Wir haben mit Taylan bis zu seinem dritten Lebensjahr nur Türkisch gesprochen, weil wir denken, dass er hier Deutsch schneller lernen wird als Türkisch. Er geht jetzt in den Kindergarten und spricht auch Deutsch. Wir achten darauf, dass er beide Sprachen gut beherrscht. Wenn er kein Türkisch könnte, dann könnte er sich mit seiner Oma gar nicht verständigen, das wäre doch traurig. Wir werden ihm erklären, woher unsere Eltern kamen, es aber nicht problematisieren. Wir möchten ihn so erziehen, dass er seine türkischen Wurzeln kennt. Er sollte sie schon kennen, sich aber nicht daran klammern. Sein Vater hat eine österreichische und eine griechische Großmutter, türkische Großväter, die als Abchasen aus dem Kaukasus stammen. Mein Mann ist in Istanbul aufgewachsen, hat dort wie meine Mutter das Österreichische Gymnasium besucht. Er hat in Deutschland studiert und ist ebenso deutscher Staatsbürger geworden.

Auch ich habe Großeltern, die teils aus dem Kaukasus stammen, teils Kurden sind und teils aus Bulgarien in die Türkei eingewandert sind. So sind unsere Familien ohnehin international und wir fühlen uns vielen Völkern kulturell nahe und emotional verbunden. Das haben wir immer als einen großen Reichtum erlebt.

In der Türkei mit einer Jahrhunderte langen Tradition als Vielvölkerstaat waren unsere Hintergründe nie ein Problem. Im Gegenteil. Wir gelten dort als vollständig anerkannte Türken eben mit deutschem Pass und einer Reihe interessanter Vorfahren.

In Deutschland bin ich die Tochter türkischer Einwanderer, gehöre zu einer neuen Generation, die nicht 100 Prozent türkisch und nicht 100 Prozent deutsch ist. Ich spreche fließend Deutsch und fließend Türkisch, ich gehöre zu einer Gruppe, die so frei ist zu sagen, dass sie Kinder von Türken, aber Deutsche sind ... sofern man uns Deutsche sein lässt. Ich bin auch Deutsche. In diesem Land stand meine Wiege, hier bin ich aufgewachsen, hier habe ich meine Familie und Freunde, hier habe ich mein Zuhause. Gefühlsmäßig zieht es mich aber auch in die Türkei, dort fühle ich mich ebenfalls zu Hause. Weil wir gern in der Türkei sind, fliegen wir mehrmals im Jahr dorthin und besuchen unsere Verwandten und Freunde. Als Kind wollte ich unbedingt in der Türkei leben. Es ist nicht so, dass ich dauernd Sehnsucht oder Heimweh habe wie meine Mutter. Ich fühle mich wohl dort. Wir haben dort unsere lieben Verwandten, die leider immer weniger werden, meine Eltern sind dort begraben ... ich mag das Essen, das Meer, die Sonne, die Gerüche, die Geräusche, ich mag das Lebensgefühl dort. Ich weiß natürlich, dass es ganz anders wäre, wenn wir dauerhaft dort leben würden.

Es gibt etliches, das mir hier wie dort nicht gefällt. Ich denke aber, dass es mir gut tut, wenn ich mich auf das Positive konzentriere. Bis ich Mutter wurde, das war 2003, habe ich in meinem Beruf gearbeitet. Ich bin viel geflogen, viel gereist. Die Welt ist so groß, ich habe natürlich nur einen kleinen Teil gesehen. Man sollte sich, wenn man auch nur einen Tag zur Verfügung hat, auf Unbekanntes, Fremdes einlassen. Es erweitert doch den eigenen Horizont; manche meiner Kolleginnen haben die freien Stunden im Hotelzimmer verbracht, die Steuererklärungen oder etwas anderes gemacht, ich habe mir die Städte angeschaut, die Museen besucht. Ich habe entdecken können, wie viele unterschiedliche Gesellschaften und Lebensweisen es gibt. Es gibt doch nicht nur eine richtige Lebensweise. Es gibt ganz viele Möglichkeiten zu leben. Wichtig ist doch, tolerant zu sein gegenüber dem anderen, fremden Lebensentwurf. Mein Wunsch ist, dass es in Deutschland mehr Gelassenheit gibt, dass die Menschen nicht so kategorisiert werden. Es ist doch egal, aus welchem Land ein Mensch stammt. Hier in Hanau gibt es so viele Menschen aus unterschiedlichen Ländern, aus Polen, aus Russland, aus den USA, aus der Türkei ... Wir alle teilen gemeinsam einen Lebensraum und erfüllen ihn mit Leben. Wichtig ist doch, dass wir respektvoll miteinander umgehen. Und nicht nur offen für einander, sondern auch liebevoll und mit der Bereitschaft, voneinander zu lernen.

Aus der Traum vom deutschen Pass

Mujtaba

Mujtaba heißt eigentlich nicht so. Nach der Zusage, ihn zu anonymisieren, spricht er offen über sich. Mujtaba hat eine kriminelle Karriere, und die ist ein Hindernis für seine Einbürgerung. Der 17-Jährige ist als eines von fünf Kindern einer afghanischen Flüchtlingsfamilie in Deutschland geboren und lebt mit seiner Familie in einem Frankfurter Stadtteil, der als »sozialer Brennpunkt« bezeichnet wird.

Er hat dunkle gelockte Haare, die zu einem Zopf zusammengebunden sind, ein schmales Gesicht, ausgeprägte Wangenknochen und leuchtend schwarze Augen. Augen, die mal wütend, mal traurig, mal nervös, mal flehend blicken. Mujtabas Augen kreisen umher, wenn er nach Worten sucht ... aber wenn er weiß, was er sagen möchte, schaut er sein Gegenüber an. Er ist ein großer, schlanker junger Mann, der lässig auf dem Sessel sitzt. Dass er aber nicht ganz so entspannt ist, verraten seine Beine – immerzu wippt Mujtaba mit den Füßen. Die nervösen Bewegungen seines Körpers bemerkt er nicht. Zu sehr ist er darauf konzentriert, seine Lebensgeschichte zu erzählen.

Er beginnt mit seiner Mutter. Seine Mutter liebt er. Und es tut ihm so Leid, dass ihre Bemühungen, ihm einen sicheren Status in diesem Land zu verschaffen, fehlgeschlagen sind. Den Antrag auf die Einbürgerung, den sie für ihn stellen wollte, hat sie nicht eingereicht. Bei der zuständigen Behörde ist ihr nahe gelegt worden, es gar nicht zu versuchen. Das sei aussichtslos – wegen der »kriminellen Karriere« ihres Sohnes.

Mujtaba ist kriminell, aber nicht in dem Sinne, dass er stiehlt oder raubt. »Mit Diebstahl und so habe ich nichts zu tun«, sagt der 17-Jährige. Nein, er stiehlt nicht, er schlägt! Klauen ist schlimmer als schlagen – diese Wertvorstellung scheint er zu haben. Mehrmals weist er darauf hin, dass er niemandem etwas wegnehmen würde – und auch »gnädig« mit denen war, die ihn ausraubten. Mutjaba klaut nicht, er schlägt zu. Mit elf oder zwölf Jahren habe er damit angefangen, erzählt er. Erst musste er die Klasse und später die Schule wechseln. Mit seiner Gewalttätigkeit bereitet er seiner Mutter große Sorgen. »Sie hat es mit den Nerven«, erklärt Mujtaba. Er fühlt sich für ihre Krankheit verantwortlich, und trotzdem kann er nicht davon lassen zuzuschlagen. So lange zuzuschlagen, bis sein Opfer ohnmächtig ist. Das passiert nicht mehr ganz so oft wie vor dem Anti-Gewalt-Training. Seitdem er an einem Kurs teilgenommen habe, sei er nicht mehr so gewalttätig, sagt Mujtaba. Aber nicht in jeder Situation gelingt es ihm, einen kühlen Kopf zu behalten. Das letzte Mal ist er vor vier Monaten ausgerastet. Da hat er mit einem Teleskopschläger so lange auf einen Jugendlichen eingeschlagen, bis sein Opfer blutig und ohnmächtig war. Das war wieder eine der Situationen, in denen »der Teufel« in ihm steckte. Ohne Scheu berichtet der Jugendliche davon, dass er bei der Polizei als »brutaler Schläger« gelte und etliches in seinem Strafregister notiert sei.

Das ist auch der Grund dafür, dass er nicht eingebürgert wird. Als seine Mutter für ihn den deutschen Pass beantragen wollte, hat der zuständige Beamte ihr davon abgeraten. Zu aussichtslos sei das Vorhaben. Als jugendlicher Straftäter muss er sich – vorerst – von dem Traum verabschieden, Deutscher zu werden. So ganz aussichtslos ist die Einbürgerung aber nicht. Sind die Strafen verjährt, dann ist ein neuer Anlauf möglich. Ob es ihm gelingen wird, die nächsten Jahre nicht polizeilich aufzufallen? Garantieren will das Mujtaba nicht. Er hat Verständnis dafür, »dass sie so einen wie mich nicht haben möchten.« Er hat aber auch Angst davor, dass sie ihn ausweisen könnten. Bei der Vorstellung, nach Afghanistan zu müssen, das er doch gar nicht kenne und das nicht sein Land sei, werde ihm mulmig, sagt Mujtaba. Er hat auch von dem Fall »Mehmet« gehört und die Vorstellung, dass es ihm genau so ergehen könnte, kann er nicht ertragen. Mehmet, ein in München geborener und aufgewachsener Sohn türkischer Eltern, sorgte für Schlagzeilen. Er war 1998 als 14-Jähriger ausgewiesen worden, weil er mehr als 60 Straftaten begangen hatte. Zwischenzeitlich setzte Mehmet per Gerichtsbeschluss seine Wiedereinreise durch, wurde aber im Frühjahr 2005 nach ein paar Jahren wieder abgeschoben, weil er seine Eltern verprügelt und diese gegen ihn Strafanzeige erstattet hatten. So etwas würde er nie machen, sagt Mujtaba. Dafür respektiere er seine Eltern viel zu sehr.

Mujtaba ist ein stolzer junger Mann, das drückt auch seine Körpersprache aus, wenn er nicht gerade seinen Tick hat und mit den Knien wippt. Auf seinen Stolz lässt er nichts kommen. Was hat der Sohn afghanischer Flüchtlinge denn sonst? Kein eigenes Zimmer, keine Zukunftsperspektiven, keine festumrissene Identität. Da sind die Eltern, die vor knapp 20 Jahren aus ihrer Heimat geflüchtet und nie wieder dort gewesen sind und auch nicht zurück wollen. Trotzdem stopfen sie ihren Sohn mit all den Werten und Normen ihres Herkunftslandes voll, ohne deren Sinn reflektieren zu können. Seine Mutter ist 40 Jahre alt und bekam als 15-Jährige ihr erstes Kind, im Abstand von zwei bis drei Jahren brachte sie weitere vier auf die Welt; sein Vater ist 43 Jahre alt, hat inzwischen ein kleines Geschäft aufgebaut und ist die meiste Zeit damit beschäftigt, Geld zu verdienen. Von seinem Vater hat er mitbekommen, was Ehre, was Stolz ist, und welche Frauen zu achten sind und welche nicht. Zum Stolzsein gehört, nicht wie ein Feigling wegzuschauen und wegzugehen, wenn ihn jemand provoziert, zum Stolzsein gehört, Respekt gegenüber »ehrhaften« Frauen zu zeigen.

Wie »Mehmet« ist auch Mujtaba ein »Produkt« dieser Gesellschaft, zweifelsohne ist er ein Täter, aber er ist auch ein Opfer sozialer Missstände. Wäre Mujtaba in einem anderen Stadtteil und unter anderen gesellschaftlichen Bedingungen aufgewachsen, hätte er mehr Chancen gehabt, sich anders zu entwickeln ... Diese Gedanken gehen einem durch den Kopf, während er spricht. Kaum zu glauben, dass dieser zierliche junge Mann mit sprachlich differenzierter Ausdrucksweise und hessischem Akzent ein Schläger ist, denn er verhält sich ausgesprochen höflich. Zeitweise wirkt er nachdenklich und sagt im Laufe des Abends, dass er spüre, ob jemand ihn respektiere. Er kann es überhaupt nicht haben, wenn er nicht ernst genommen und abfällig behandelt wird. *Respekt* und *Ehre* und *Stolz*. Darum kreisen seine Gedanken und sein Verhalten. Früher – vor dem Anti-Gewalt-Training – fühlte er sich öfter in seiner Ehre verletzt; heute versucht er erst einmal tief durchzuatmen, sich zu beruhigen und nicht sogleich zuzuschlagen. Und wenn er es doch macht, dann »wirklich nicht«, weil es ihm gefällt, »Menschen zu quälen«.

Warum macht er das dann doch? Mujtaba sagt: »Wenn mich die Wut packt, dann habe ich mich nicht mehr unter Kontrolle.« Dann macht er Sachen, die er selbst nicht in Ordnung findet. Und Wut bekommt er, wenn er sich in seiner Ehre verletzt fühlt. Sage beispielsweise jemand »schlechte Worte« über seine Familie oder seine Mutter, dann versteht Mujtaba keinen Spaß. Zinédine Zidane lässt grüßen! Der Fußballer der französischen Nationalmannschaft hatte im Sommer 2006 während des WM-Finales einem italienischen Spieler einen Kopfstoß versetzt. Wie sich später herausstellte, hatte Marco Materazzi ihn mit Äußerungen über seine Familie provoziert. Nach dem Kopfstoß bekam Zidane, der als Sohn algerischer Eltern in Frankreich zur Welt kam, die Rote Karte – es war seine 15.

Mujtaba erzählt davon, dass die Menschen bewusst oder unbewusst seinen Stolz verletzten. Er überlegt, sucht nach Formulierungen und sagt schließlich: »Es sind zumeist ältere Frauen und Männer.« Was sie genau machen, diese Menschen, kann er nicht beschreiben. Die Art, mit ihm zu sprechen, ihn anzuschauen oder nicht anzuschauen ... all das lässt Mujtaba in das Gefühl aufkommen, unerwünscht und minderwertig zu sein.

An die Einbürgerung keine Erinnerung

Andreé Spotka

Geboren und aufgewachsen ist Andreé Spotka in Phillipeville, dem heutigen Skikda in Algerien. Dort heiratete sie einen Deutschen, der bei der Fremdenlegion war. Mit ihrem Mann und drei Kindern verließ sie 1964 ihr Geburtsland. Die Familie lebte zunächst im Elsass und knapp ein Jahr danach siedelte sie sich in Deutschland an. Seitdem lebt Andreé Spotka hier. Die 76-Jährige hat seit acht Jahren die deutsche Staatsangehörigkeit.

Keine Frage, sie ist eine Französin. So würde wohl jeder denken, der Andreé Spotka hört, wenn sie Deutsch spricht. Unüberhörbar der französische Akzent, den die kleine zierliche Frau hat. Doch so ganz stimmt es nicht. Französische Staatsbürgerin war sie zwar bis zu ihrer Einbürgerung in den – wie es in offiziellen Schreiben heißt – »deutschen Staatsverband«, als Französin hat sie sich aber nicht wirklich gefühlt. »Tief im Herzen bin ich eine Italienerin«, verrät die alte Dame. Wenn sie italienische Musik höre, dann komme ein seltsam wohliges Gefühl in ihr auf. Die Affinität zu Italien, von der Andreé Spotka erzählt, kommt nicht von ungefähr. Ihre Vorfahren – sowohl väterlicher als auch mütterlicherseits – stammen von dort. Aus Neapel hatten sich die einen, von der Insel Ischia die anderen Urgroßeltern auf den Weg nach Algerien gemacht. Die Armut vertrieb sie aus ihrer Heimat, in der damals französischen Kolonie Algerien hofften sie auf ein besseres Leben: Das hat sie als Kind den Erzählungen ihrer Großeltern entnommen. »Ich weiß leider nicht, wann genau sich die Familien dort angesiedelt haben.«

Schon ihre Großeltern kamen in Algerien zur Welt. »Und immer dann, wenn sie nicht wollten, dass wir Kinder sie verstehen, sprachen sie Italienisch miteinander«, erinnert sich Andreé Spotka, geborene Fidanza. Die Sprache ihrer Vorfahren hört sie noch immer sehr gern, verstanden hat sie sie aber nie. Sie wuchs mit Französisch auf, und von den Jungen und Mädchen aus der Nachbarschaft lernte sie Arabisch. Die 76-Jährige, die inzwischen Urgroßmutter ist, erinnert sich gern an ihre Kindheit, an die Tage auf dem Bauernhof des Großvaters, an ihre Spielgefährtin Nora. Noch immer denkt sie aber auch mit Trauer daran, dass ihre Freundin eines Tages nicht mehr zu Besuch kam. »Mein Großvater hat mir erzählt, dass sie verheiratet wurde. Oh, ich war so traurig. Sie war doch erst 13.« Sie selbst war um einige Jahre älter – nämlich 26 – als sie einen deutschen Legionär heiratete, den sie auf einem Fest kennen gelernt hatte. Den Tag hat die 76-Jährige nicht vergessen. »Es war der 14. Juli 1957.« Der Deutsche und die junge Frau aus Phillipeville beließen es nicht bei der Begegnung auf dem Dorffest, schon bald wurden sie ein Ehepaar. Kurze Zeit später beendete ihr Mann seinen Dienst bei der Fremdenlegion und fand zunächst als Lagerarbeiter eine Anstellung. »Nach der Unabhängigkeit Algeriens waren die Bedingungen für uns schwieriger geworden«, sagt Andreé Spotka. »Wir haben dann beschlossen wegzugehen.« Über die Kriegszeit verliert die alte Dame nicht viele Worte. Erst auf Nachfrage berichtet sie, von Zeit zu Zeit in der Stadt Schießereien gehört zu haben. »Glücklicherweise« sei sie keine Zeugin blutiger Auseinandersetzungen geworden. »Wir wussten, wann wir auf die Straße gehen konnten und wann nicht.«

Mit drei Söhnen im Alter von vier, drei und einem Jahr machte sich das Ehepaar 1964 auf den Weg ins Elsass. Nur ungern verließ die junge Mutter ihre vertraute Umgebung, ihre Freunde und Nachbarn. Und noch bevor sie sich an das neue Leben im neuen Wohnort gewöhnen konnte, zog die um ein weiteres Kind gewachsene Familie Richtung Deutschland. Mitte 30 und Mutter von drei Söhnen und einer Tochter war Andreé Spotka, als sie hier ankam.

Wie es ihr wohl ergangen ist in den ersten Jahren? »Ich habe kaum Zeit gehabt, darüber nachzudenken«, erklärt Andreé Spotka, »ich hatte viel zu tun mit den Kindern.« Dass ihr das Einleben schwer fiel, wird deutlich, wenn sie von ihren Kommunikationsproblemen berichtet. »Ich konnte kein Wort Deutsch. Mein Mann war wegen seiner Arbeit sehr oft weg, und ich musste zusehen, wie ich zurechtkam. Beim Einkaufen oder wenn ich die Kinder zum Arzt bringen musste ... oh, das war sehr schwierig.« Wesentlich besser als anfangs in Deutschland war es ihr in Frankreich auch nicht ergangen, obwohl sie keine Verständigungsprobleme hatte. »Ich fühlte mich dort nicht wohl. Ich war eine Fremde, die Leute haben mich so behandelt ... wir waren nicht willkommen, weil wir aus Algerien kamen und auf der Suche nach Arbeit und Wohnung waren ... einfache Leute wie wir hatten es nicht einfach.« Außerdem stellte sie fest, dass es in dem Land, dessen Staatsangehörige sie war, eine ganz andere Mentalität gab. »Die Franzosen waren viel freier, wir hingegen viel traditioneller. Die arabische Kultur hatte uns wohl geprägt. Bei uns ließ man sich nicht scheiden«, resümiert Andreé Spotka.

Umso bitterer muss es für sie gewesen sein, als sich ihr Mann wegen einer anderen Frau nach fast zwei Jahrzehnten Ehe von ihr trennte. Bleiben oder gehen? Für kurze Zeit überlegt die vierfache Mutter, nach Frankreich umzusiedeln, dorthin, wo sich ihre Geschwister niedergelassen hatten. »Ich entschied mich schließlich dagegen, weil ich dachte, dass das Quatsch ist. Die Kinder gehen hier zur Schule, dort hätten sie wegen der Sprache viel mehr Probleme gehabt. Sie konnten zwar Französisch, aber nicht die Schriftsprache. Jetzt sind wir hier, also bleiben wir hier, so habe ich gedacht und bin hier geblieben.«

Kurz nach der Scheidung – das war 1979 – spielte sie mit dem Gedanken, deutsche Staatsangehörige zu werden. »Weil ich mich ja entschieden hatte, in diesem Land zu bleiben«, erklärt Andreé Spotka. Nachdem sie sich über die Modalitäten informiert hatte, entschied sie sich allerdings gegen die Einbürgerung. »Man hat mir gesagt, ich müsste einen Monatslohn zahlen. Ein Monatslohn, um Deutsche zu werden ... das mache ich nicht, dafür habe dafür kein Geld übrig, dachte ich ... Ich musste doch meine Kinder versorgen. Der Vater hat nicht viel gezahlt.« Erst 20 Jahre später, als sie eine Fernreise plante, beschäftigte sie sich erneut mit dem Thema. »Mein Reisepass war abgelaufen. Da kam ich auf die Idee, noch mal nachzufragen, was es kostet, Deutsche zu werden. Als ich erfuhr, dass es nur 100 Mark kostet, dachte ich: Jetzt werde ich Deutsche.«

Es waren finanzielle Gründe, die zunächst dagegen sprachen, später wiederum pragmatische Gründe, die deutsche Staatsangehörigkeit anzunehmen. An das Prozedere der Einbürgerung erinnert sich Andreé Spotka nicht. Nicht, wie sie und wo sie die Einbürgerungsurkunde erhielt, nicht, ob es für sie ein besonderer Augenblick war. Sie weiß lediglich, »dass alles sehr schnell ging. Ich war da schon Rentnerin, ich musste nicht viel nachweisen.«

Dass sie in Deutschland ihre Kinder großziehen, hier Großmutter und Urgroßmutter werden würde – das hatte sie sich als junge Frau nicht vorstellen können. Mehr als vier Jahrzehnte sind seitdem vergangen. Deutschland ist zwar nicht ihre Heimat geworden, aber hier hat Andreé Spotka ihr Zuhause. Frankreich ist ein Urlaubsland, wo sie von Zeit zu Zeit ihre Geschwister besucht. Algerischen Boden hat sie nie wieder betreten. Die Stadt ihrer Kindheit und Jugend, »das ist ja nicht mehr das, was es mal war.« Das hat sie Fernsehbildern entnommen. Nein, es zieht sie nicht dorthin. Die Erinnerungen genügen ihr. Seit ein paar Jahren lebt sie in Hanau, hier hat sich die Katholikin über ihre Kirchengemeinde einen Bekanntenkreis aufgebaut. Sie geht regelmäßig in die Kirche, zum Bibelkreis und auch zu den nachmittäglichen Treffen im Gemeindezentrum. »Mein Glaube hat mir immer Halt gegeben und mir in einsamen Stunden geholfen.«

Deutscher oder Türke?

Warum Ayhan Ceylan in einer juristischen Grauzone lebt

Der Sohn türkischer Eltern kam 1975 in Frankfurt zur Welt. Er spricht Deutsch mit hessischem Akzent, er träumt auf Deutsch und er will Deutscher sein. Und hier beginnt sein Problem: Ayhan Ceylan ist einer von den Deutsch-Türken, die im Sommer 2005 Post von der Ausländerbehörde bekamen mit der Aufforderung, Auskunft über ihre Staatsangehörigkeit zu geben. Seitdem befindet sich der 31-jährige Frankfurter in einer Grauzone. Um das juristische Prozedere nicht zu erschweren, wurde sein Name verändert.

Im Juni 2005 bekam Ayhan Ceylan, Deutscher seit April 1999, Post vom Zentralen Bürgeramt der Stadt Frankfurt. Wie rund 4.000 andere eingebürgerte Frankfurter türkischer Herkunft. Das Schreiben forderte ihn dazu auf, Auskunft darüber zu geben, ob im Anschluss an die deutsche Einbürgerung »freiwillig wieder die türkische Staatsbürgerschaft erworben« wurde. Ayhan kreuzte im beigefügten Formular das Kästchen »Ich habe die türkische Staatsangehörigkeit nicht wieder erhalten« an und faxte das Papier an die zuständige Behörde. »Mit ruhigem Gewissen«, sagt der 31-Jährige. Umso größer war der Schock, als er einige Wochen später ganz zufällig erfuhr, dass er doch auch türkischer Staatsbürger war. Als er für seine Mutter beim Türkischen Konsulat eine Vollmacht ausstellen lassen wollte, erfuhr er, dass er als türkischer Staatsbürger registriert sei und ihm somit »ein Problem« mit deutschen Behörden bevorstünde.

»Dass ich wieder Türke bin, habe ich überhaupt nicht gewusst«, sagt Ayhan. Er sei sich sicher gewesen, keinen Wiedereinbürgerungsantrag gestellt zu haben. In diesem Punkt hat sich der Deutsch-Türke wohl geirrt: Denn offensichtlich hat er ein entsprechendes Papier unterschrieben. Dass er dies ohne Kenntnis getan hat, interessiert die deutschen Behörden nicht. »Kraft Gesetzes« verliert, wer nach dem 1. Januar 2000 wieder türkischer Bürger geworden ist, die deutsche Staatsbürgerschaft. Und wer als Doppelstaatler die Behörden bis zum 30. Juni 2005 nicht über seinen Status informierte, verlor auch seinen Anspruch auf die Erteilung eines Aufenthaltstitels. Ayhan versichert, von nichts gewusst zu haben, zumal auch das Türkische Konsulat ihn über seinen Status nicht informiert habe. »Das ist durchaus möglich«, lautet die Erklärung des Türkischen Generalkonsulats. Es passiere ab und an, dass Unterlagen irgendwo stecken blieben. Auf keinen Fall passiere es aber, dass Bürger ohne ihr Einverständnis wieder zu türkischen Staatsbürgern würden. Die Wiedereinbürgerung müsse explizit beantragt werden. Von der Frankfurter Ausländerbehörde wiederum ist zu hören, dass auch andere Betroffene mitgeteilt hätten, von ihrer Wiedereinbürgerung nichts gewusst zu haben. Das könne aber weder dementiert noch bestätigt werden.

Fälle wie der Ayhans sind keine Seltenheit, hat der Deutsch-Türke erfahren müssen. »Weil das Türkische Konsulat anscheinend nicht ordnungsgemäß aufgeklärt hat.« Die diplomatische Vertretung hätte schriftlich über den Wiedereintritt in die türkische Staatsbürgerschaft informieren und darauf hinweisen müssen, dass durch die geänderte deutsche Gesetzeslage mit dem Verlust der deutschen Staatsangehörigkeit zu rechnen sei. »Dann hätten die Betroffenen die Wahl gehabt, der erneuten Einbürgerung nicht zuzustimmen«, so die Erläuterung eines Juristen, der sich mit Ayhans Fall befasst hat.

Ob wissentlich – wegen emotionaler Bindung zur Türkei – oder unwissentlich mit dem Antrag zur Ausbürgerung zugleich die Wiedereinbürgerung beantragt wurde, ist der Ausländerbehörde egal. Das Prozedere war bis zum Ablauf der Frist für alle gleich: Die Betroffenen hatten mit Lichtbild, türkischem Ausweis und dem Antrag auf Erteilung der Aufenthaltserlaubnis beim Sachbearbeiter vorzusprechen. Wie viele Doppelstaatler bundesweit eine schriftliche Aufforderung bekommen haben, lässt sich nicht ohne weiteres ermitteln, ebenso wenig die Zahl derer, die sich nach solch einem Anschreiben bei der Einbürgerungsbehörde meldeten.

Als er von seinem Doppelstaatler-Status erfuhr, machte er sich sofort auf den Weg zur Ausländerbehörde, um sich »fristgerecht« zu melden und einen Antrag auf Aufenthaltsgenehmigung zu stellen. »Ich habe aber weder einen gültigen türkischen Ausweis noch einen Reisepass«, sagt der 31-Jährige. Den wiederum braucht er, damit sein Vorgang bearbeitet werden kann. Also stattete er dem Türkischen Generalkonsulat erneut einen Besuch ab, um sich die notwendigen Dokumente ausstellen zu lassen. Die Beamten erklärten ihm, dass dies nicht möglich sei. Aus den Unterlagen gehe zwar hervor, dass er einen Antrag auf Wiedereinbürgerung gestellt habe, die Bestätigung der Wiedereinbürgerung wiederum liege aber nicht vor.

Ayhan ist es sehr recht, dass seine Akte im Nirwana verschwunden ist und gar nicht dem Ministerrat in der Türkei zwecks Wiedereinbürgerung vorgelegt werden konnte. Somit wäre er kein Doppelstaatler und müsste nicht die ganze Prozedur über sich ergehen lassen, seinen staatsbürgerlichen Status per Gericht klären zu lassen. Anwalts- und Gerichtskosten haben ihn bislang einige tausend Euro gekostet, doch die Frage, ob er Türke oder Deutscher ist, ist noch nicht beantwortet – zumindest nicht auf der staatsbürgerlichen Ebene.

Emotional ist die Frage für den »Frankfurter Bub« schon seit langem klar. Er ist Deutscher. Geboren ist er im Juni 1975 in Frankfurt am Main im Bethanien Krankenhaus. »An einem sonnigen Tag um 18.38 Uhr«, wie Ayhan von seiner Mutter erfahren haben will. Die Türkei, aus der seine Eltern stammen, kennt er von einigen wenigen Urlaubsreisen. Zuletzt war er dort vor sechs Jahren, um seinen Vater bestatten zu lassen. Mit Land und Leuten könne er nicht viel anfangen. Er könne ja nicht einmal richtig Türkisch, sagt er. Denn abgesehen von seinen Eltern habe er mit kaum jemandem Türkisch gesprochen. Mit seiner Mutter, die als junge Frau hierher kam und seit nunmehr 35 Jahren hier lebt, spreche er mittlerweile mehr Deutsch als Türkisch.

Sorgen bereitet ihm die Frage, ob er Deutscher oder Türke ist, aus beruflichen Gründen. Er ist selbstständig und geht einer Arbeit nach, für die nur Deutsche und andere EU-Bürger eine Genehmigung erhalten. Die ganze Angelegenheit kostet ihn nicht nur Geld, sondern auch Nerven. So hat ihm seine Rechtsschutzversicherung gekündigt, nachdem er anfragte, ob sie für die Anwalts- und Gerichtskosten aufkomme. Und es kränkt ihn, als Bürger und Firmeninhaber von den deutschen Behörden behandelt zu werden »wie ein Verbrecher«. Mit der Einbürgerung, so war sein Gefühl, vollzog er auch den formalen Akt des Dazugehörens. Dieses Gefühl ist nun kräftig aus dem Gleichgewicht geraten. Der Vorfall hat sein Verhältnis zum deutschen Staat arg beschädigt. »Ich war und bin immer produktiv, ich habe mir meine gesellschaftliche Stellung erarbeitet, zahle sehr viele Steuern«, sagt Ayhan. Befürchtungen, dass der Fall nicht zu seinen Gunsten entschieden werden könnte, hegt er nicht. »Ich habe mir nichts zu Schulden kommen lassen.«

Auf jeden Fall will er sich wieder mit einem deutschen Dokument ausweisen. Er schätzt die Vorzüge eines deutschen Ausweises. Mit einem türkischen Pass sei es schon ein Akt, sich eine Kundenkarte für eine Videothek ausstellen zu lassen, berichtet er aus leidvoller Erfahrung. Dann müsse man nämlich eine Meldebescheinigung vorlegen. Mit einem deutschen Ausweis sei es auch um einiges leichter, im Elektrohandel eine Waschmaschine über Ratenzahlung zu finanzieren.

Nach 60 Jahren wieder Deutsche

Johanna Oleksiak

In Asselbrunn, einem Örtchen bei Michelstadt im Odenwald, kam Johanna Oleksiak 1930 zur Welt. Weil sie 1947 einen Ausländer heiratete, verlor sie die deutsche Staatsangehörigkeit. Nach 60 Jahren erhielt sie im Dezember 2006 wieder einen deutschen Ausweis. Ihre Einbürgerung hat die 77-Jährige einem Zufall zu verdanken. Johanna Oleksiak hat zwei Töchter, vier Enkel und vier Urenkel und lebt in ihrem hessischen Geburtsort.

Es gibt Begegnungen, die dem Leben eine unvorhergesehene Wendung geben. Für Johanna Oleksiak, geborene Walther, wären zwei Daten zu nennen. Das erste Ereignis ist mehr als 60 Jahre her. Das zweite lässt sich auf einen Tag im März 2006 datieren. Die erste Begegnung wirkte sich in der Weise aus, dass sie ihre deutsche Staatsangehörigkeit verlor, die Folge der zweiten Begegnung war wiederum, dass sie an einer Einbürgerungsfeier, nämlich ihrer eigenen, teilnehmen konnte. Seit Dezember 2006 ist Johanna Oleksiak auch offiziell wieder eine Deutsche.

Es war ein Tag im Sommer 1947, da lernte Henny, wie sie in ihrem Heimatort genannt wird, auf einem Tanzfest einen Mann namens Jerzy kennen. Sie war 17, er 23 Jahre alt. Sie ein »deutsches Mädchen« aus dem Odenwald, er ein ehemaliger KZ-Häftling, eigentlich Pole, aber durch die Irrungen und Wirrungen des Krieges ein »heimatloser Ausländer« geworden, ein Staatenloser, der der Internationalen Flüchtlingskommission unterstellt war.

Jerzy war über Umwege vom Konzentrationslager Dachau nach Michelstadt gekommen und arbeitete als Wachmann in einem Munitionslager der US-Amerikaner. »Wir haben uns kennen gelernt, und bei uns hat es gleich gefunkt«, sagt Henny Oleksiak. Und wie sie es sagt, lässt keinen Zweifel darüber aufkommen, dass es sich anders zugetragen haben könnte. Liebevoll und voller Bewunderung spricht sie über ihren Mann, der vor zehn Jahren gestorben ist. In diesem Herbst hätten sie ihren 60. Hochzeitstag gefeiert.

Vier Monate kannten sich Henny und Jerzy, als sie schwanger wurde. Den letzten Teil des Satzes sagt die 77-Jährige mit leiser Stimme und einem Lächeln im Gesicht. Also wurde das Aufgebot bestellt und ein Termin für die Trauung in der katholischen Kirche vereinbart. Weil sie einen Polen heiratete, bekam sie aus der Nachbarschaft »Verschiedenes zu hören« und wurde auch angepöbelt. Dass da »ein Asselbrunner Mädche«, dann auch noch eine – wie den Fotos zu entnehmen ist – »Bildhübsche«, auf das auch andere Männer ein Auge geworfen hatten, einen Polen heiratete, das kam in einem kleinen Ort mit gerade mal 100 Einwohnern nicht gut an. »Das alles hat uns aber nichts ausgemacht, wir haben fest zusammengehalten«, erzählt Henny Oleksiak. Sie wusste auch, dass sie durch die Heirat mit einem Ausländer ihre deutsche Staatsangehörigkeit verlieren würde. »Das macht mir gar nichts, ich stehe zu meinem Mann«, habe sie sich und anderen damals gesagt und ihre Entscheidung auch nie bereut.

So wurde aus dem »Asselbrunner Mädche« eine »heimatlose Ausländerin«. Dabei war sie in dem Ort mit »historischem Boden« in behüteten Verhältnissen und in der Nähe eines großen Hüttenwerks großgeworden. Ihre Kindheit und Jugend verbrachte sie – im wahrsten Sinne des Wortes – im Dunstkreis der Kohleöfen. Nach der Eheschließung musste sie ihren Ausweis abgeben und bekam den Status »staatenlos«, weil auch ihr Mann staatenlos war.

Noch bis 1957 verloren nach dem Reichs- und Staatsangehörigkeitsrecht Frauen bei Heirat mit Ausländern ihre deutsche Staatsangehörigkeit. Die Missachtung des Gleichheitsgebots von Frau und Mann wurde erst 1957 mit dem Änderungsgesetz zum Staatsangehörigkeitsrecht aufgehoben, der Wiedererwerb der deutschen Staatsangehörigkeit erfolgte für betroffene Frauen jedoch nicht automatisch. Frauen, die in der Zeit zwischen 1953 und 1957 einen Ausländer geheiratet hatten, bekamen sie erst durch den formalen Akt der »einfachen Erklärung«. Henny Oleksiak konnte nicht von dieser Regelung profitieren, weil ihre Ehe zu einer Zeit geschlossen worden war, die in dem geänderten Passus des Gesetzes keine Erwähnung fand.

Das Ehepaar Oleksiak lebte in der Nähe von Michelstadt, zog zwei Töchter groß, die ebenfalls den Status »staatenlos« bekamen. Während sich die Töchter später einbürgern ließen, hatte Henny Oleksiak einen inneren Widerstand dagegen. Nicht, dass sie keine deutsche Staatsangehörige sein wollte. Das schon. Es wurmte sie aber, dass sie dafür den ganz gewöhnlichen, formalen Weg hätte gehen müssen. Den Weg eben, den einbürgerungswillige Ausländer einschlagen müssen. Eigentlich war sie ja weder »heimat- noch staatenlos«. Bis auf zwei, drei Reisen – die weiteste führte sie zu einem Kuraufenthalt auf die Insel Führ – hat sie Michelstadt nie verlassen. »Ich bin im Amt auch mal gefragt worden, ob ich nicht mal einen

Antrag stellen wolle. Aber ich wollte das nicht, ich wollte kein Geld für eine Einbürgerung bezahlen. Das wäre viel Geld gewesen, das ich hätte ausgeben müssen«, berichtet Henny Oleksiak. Sie erinnert sich daran, dass sie auch mal ein Formular mitgenommen hat. »Aber ausgefüllt habe ich es dann doch nicht.« Gebühren als Grund, das ist aber nur ein Teil der Wahrheit. Es ging ihr nicht nur um das Geld, dass sie hätte zahlen müssen. Denn es kommt eine beachtliche Summe zusammen, wenn man all die Gebühren zusammenrechnet, die sie im Laufe der sechs Jahrzehnte für die Verlängerung ihrer Aufenthaltserlaubnis und Erneuerung der Dokumente zahlen musste.

Darum ging es aber nicht. »Ich habe einen staatenlosen KZ-Häftling geheiratet, war deswegen meine Staatsangehörigkeit losgeworden und sollte dann auch noch viel Geld dafür zahlen, dass ich wieder eingebürgert werde?« Das fand sie absurd. Henny Oleksiak war der Ansicht, dass ihr die deutsche Staatsangehörigkeit zusteht und ihr verliehen werden müsse. Automatisch, ohne den ganzen Verwaltungskram.

Henny Oleksiak ist eine rechtschaffene Frau, hat viele Jahre bei der Kosmetikfirma Cofa gearbeitet und sich im Betriebsrat engagiert. Dass sie in all den Jahren nicht wählen durfte, hat ihr nicht viel ausgemacht. Sie war gewerkschaftlich aktiv, setzte sich für ausländischen Kollegen ein. »Ich war immer auf der Seite der Ausländer«, sagt die 77-jährige Rentnerin. Die russischen Zwangsarbeiter in der unmittelbaren Nachbarschaft, die ohne Strümpfe und ohne Schuhe waren, die kaum was zu essen hatten – das sind Erinnerungen, die sie nie vergisst und dazu beigetragen haben, sich auf die Seite der Schwachen zu stellen. Dass auch sie – formal betrachtet -, nicht mehr Rechte als ihre ausländischen Kollegen hatte, wusste kaum jemand. Abgesehen von den alteingesessenen Asselbrunnern wussten es in der Nachbarschaft auch andere nicht, dass sie staatenlos war. Als ihre ehemaligen Mieter, eine türkische Familie, davon über die Zeitungsmeldung erfuhren, besuchten sie sie, um ihr zu gratulieren. »Na du Neudeutsche haben sie gesagt«, erzählt sie. Die Familie sei überrascht gewesen und hätte sich das gar nicht vorstellen können, dass da mitten in Deutschland noch eine Deutsche ohne deutschen Pass gelebt habe. »Ich habe das ja auch nicht rumerzählt, das war immer da drin«, sagt Henny Oleksiak und zeigt auf ihr Herz. »Es brauchte ja net jeder wisse.«

Landrat Horst Schnur wusste es jedenfalls auch nicht – nicht bis zur der Begegnung im Treppenhaus des Landratsamts. Eine »faszinierende Geschichte« sei das gewesen, die er im März 2006 auf dem Weg zum Auto von Henny Oleksiak erzählt bekommen habe. »Das ist schon eigenartig, dass ich just in dem Moment die Treppen runter stieg und wir ins Gespräch kamen«, meint der 65-Jährige. So etwas oder im Ansatz Vergleichbares sei ihm in seiner 16-jährigen Amtszeit nicht zu Ohren gekommen. »Wäre ich etwas vorher oder später die Stufen abgestiegen, dann hätte ich nie erfahren, was es für Schicksale hier gibt«, sagt Schnur.

Auf einer der zahlreichen Stufen des Landratsamts sprach Horst Schnur die Rentnerin an, weil sie sich so schwer tat beim Runtersteigen der Treppen. Der Landrat fragte, warum sie nicht den Fahrstuhl benutze. Die beiden kamen vom Hölzchen zum Stöckchen und Henny Oleksiak erzählte dem Landrat, warum sie zum Amtshaus gekommen war: um ihre Aufenthaltserlaubnis verlängern zu lassen. Warum sie denn eine Aufenthaltserlaubnis brauche, wollte der Landrat wissen. Denn der Odenwälder Dialekt ließ keinen Zweifel aufkommen, dass es sich um eine Einheimische handelte. Als er ihre Geschichte zu Ende gehört hatte, fragte Schnur sie: »Ja, wollen Sie denn keinen deutschen Pass?« Sie erläuterte ihm ihre Beweggründe, warum sie bisher keinen Antrag gestellt hatte. »Soll ich das mal in die Hand nehmen?«, fragte sie daraufhin der Landrat und tat es. Schnur betrachtete es als eine Herausforderung und wollte gegebenenfalls alle anfallenden Kosten übernehmen, auch den Besuch beim Friseur vor dem Fototermin. Das aber wollte Henny Oleksiak nicht.

Wenn »der Herr Landrat« sie an jenem Tag im März nicht angesprochen hätte, dann hätte sie die Einbürgerung nicht beantragt. »Ich habe meine Grabstätte bei meinem Mann, dann wäre ich halt als Staatenlose gestorben«, sagt Henny Oleksiak. Aber dass sie jetzt auch eine »Genugtuung« verspürt, will sie nicht verhehlen. Auf so eine oder eine ähnliche Situation hat sie doch immer gehofft; darauf gewartet, dass da »jemand« ihr sagt: »Sie sind doch hier geboren, also kriegen Sie auch die deutsche Staatsangehörigkeit ohne all die Formalitäten.« In all den Jahren, in denen sie zum Landratsamt ging, um sich ihre Aufenthaltserlaubnis verlängern zu lassen, sei keiner der Beamten auf die Idee gekommen, ihr die Einbürgerung auf einem weniger aufwendigen Weg anzubieten. »Ohne Formalitäten geht es in Deutschland halt nicht«, sagt sie. So ganz ohne Formalitäten verlief auch ihre Einbürgerung nicht.

Henny Oleksiak musste den Antrag ausfüllen, den alle Ausländer ausfüllen müssen, auch musste sie Passfotos und noch einige weitere Unterlagen einreichen. Die Behördengänge blieben ihr jedoch erspart. Dafür sorgte Landrat Schnur. Er beauftragte seinen Fahrer Willi Weisbrod mit den Kurierdiensten zwischen Henny Oleksiaks Wohnung und den Ämtern. Neun Monate dauerte es, bis sie eine Benachrichtigung darüber erhielt, dass sie eingebürgert worden sei. Die Einbürgerungsbehörde sah übrigens davon ab, ihr die Gebühr von 255 Euro in Rechnung zu stellen. Ihre Urkunde holte sie nicht in Michelstadt ab, sondern wurde ins Landratsamt von Steinbach gefahren, wo ihr Horst Schnur das Dokument persönlich übergab. Diesen Moment wollte er sich »nicht nehmen lassen«.

V   INNENANSICHTEN

Deutsche über das Deutschsein

»Auch Deutsche sind vor Deutschen nicht immer sicher« – ein Plädoyer für das aufeinander Zugehen

Carolin Winter-Simon

Carolin Winter-Simon ist gebürtige Offenbacherin. Nach Stationen im In- und Ausland kehrte sie – beruflich – nach Offenbach zurück: Sie war zunächst Pfarrerin in Offenbach-Lauterborn; seit 2001 gibt sie an der Theodor-Heuss-Schule Religionsunterricht und ist als Schulseelsorgerin tätig. Die evangelische Theologin arbeitete an der Studie zu »Direktinvestitionen in Schwellenländern und deren Auswirkungen auf die Lebensbedingungen der Menschen vor Ort« und lebte in diesem Kontext 18 Monate in São Paulo (Brasilien). Die ökumenische Arbeit führte sie zudem nach Süd Korea und Sri Lanka. Die 46-Jährige ist verheiratet und Mutter von drei Kindern im Alter von 19, 16 und zwölf Jahren.

Ich bin Deutsche, auch wenn ich auf den ersten Blick nicht dem »Prototyp« entspreche. Meine Augen sind weder blau, noch habe ich helle glatte Haare. Ich höre keine Volksmusik und lege keinen gesteigerten Wert auf gleichmäßig geschnittenen Rasen im Vorgarten. Und doch bin ich Deutsche und bin mir auch bewusst, Deutsche zu sein. Manchmal musste ich mein Deutschsein verteidigen, und zwar gegenüber anderen Deutschen. Gegenüber solchen Deutschen, die genau wissen, was und wie eine Deutsche ist und vor allem, wie die »Ausländer« sind.

Eines Abends saß ich mit meinem Bruder, der auch eher untypisch deutsch aussieht, in der U-Bahn, als zwei Männer hereinkamen und sich uns gegenüber setzten. Der eine lächelte mich an, worauf der andere sagte: »Eh, Mann pass auf, das sind Türken! Wenn du bei denen die Frau anmachst, haste gleich ein Messer im Bauch!«

Ein Messer im Bauch hatte ein paar Wochen später fast mein Bruder, als er abends alleine unterwegs war und einem Trupp Glatzen begegnete, die Türkenmackern mal zeigen wollten, wo der Hammer hängt. Ja, auch Deutsche sind vor Deutschen, die besonders gut deutsch sein wollen, nicht immer sicher. Auch kann es passieren, dass ganz unvermittelt Verständigungsschwierigkeiten auftauchen.

So stand ich vor der Tür in einem deutschen Amt und wartete auf Einlass. Mit mir wartete eine ganze Reihe anderer Menschen. Als sich die Tür für mich öffnete, traf mich ein kurzer prüfender Blick der Sachbearbeiterin und sogleich rief sie laut. »Du Dich setzen da hin!« Oh je, dachte ich bei mir, was hat wohl diese arme Frau? Aber die nächste Frage löste das Missverständnis auf: »Du kommen woher?« »Ach so«, antwortete ich lachend, »ich sein Deutsche!«

Ja, ich sein ..., äh bin Deutsche. Ich bin es gerne, auch wenn es durchaus Momente gibt, in denen es mir eher peinlich ist, oder in denen ich über Leute meines Landes wütend werde, weil sie meinen, ihre enge kleine Welt wäre das, was Deutschsein charakterisiert, und weil es so klein ist und so wenig, müssen sie es verteidigen, gegen Überfremdung, koste es, was es wolle. Ich selbst bin in einem geordneten kleinen, schönen Dorf groß geworden. Der erste ausländische Mensch, dem ich begegnet bin, war Conchita. (Österreicher hatte ich zwar vorher schon im Urlaub gesehen, aber mir war schon damals klar, irgendwie zählen sie in diesem Zusammenhang nicht.) Conchita stand also eines Morgens in unserem Klassenraum. Klein, pechschwarze Haare und dunkle Haut. Und sie konnte kaum Deutsch und hatte viele Geschwister, die auch alle nicht richtig Deutsch konnten.

Ich mochte Conchi, fand es spannend, mit ihr zu kauderwelschen, besuchte sie auch gerne zu Hause, da war immer viel los, und sie kam zu mir. Über das erstaunte, teilweise abfällige Gerede anderer Kinder und auch Erwachsener aus unserer Straße – »Was, du spielst mit Gastarbeiterkindern?« – habe ich ganz einfach nicht nachgedacht. Ich hatte Spaß mit Conchi, mit ihren vielen Schwestern und Brüdern.

Und ich glaube, diese Erfahrung prägt mich bis heute, und sie hat sich auf vielen Ebenen erweitert und vertieft. Geprägt haben mich aber auch die zwei Jahre, die ich in Brasilien verbracht habe. Ich stehe am ersten Morgen nach der Ankunft in São Paulo in einer kleinen »Bäckerei« und möchte zwei Brötchen kaufen. In Deutschland hatte ich in einem Intensiv-Sprachkurs die Grundkenntnisse des Portugiesischen erlernt und so fühlte ich mich gewappnet, meinem Wunsch in dieser fremden Sprache Ausdruck zu geben. Als ich an die Reihe kam, lächelte ich die Verkäuferin an und sagte: »Dois paozinhos, por favor.« »Hä?« kam es sehr unwirsch zurück. Ich wiederholte mein Sätzchen nun schon etwas verkrampfter. Wieder kein Verstehen! Die Leute hinter mir in der Schlange wurden schon unruhig. Zum dritten Mal versuchte ich mein Glück. Die Verkäuferin jedoch blickte mich verständnislos an und wandte sich ab. Sie ließ mich ganz einfach stehen.

Dass ich an diesem Morgen zunächst keine Brötchen bekam war das Eine, schlimmer noch war das Gefühl der Scham, das mich ob dieser Behandlung gepackt hatte. Meine Unbeschwertheit bezüglich der Verständigung war erstmal dahin. Ich kann von Glück reden, dass ich in der folgenden Zeit Menschen begegnet bin, die viel Geduld mit mir hatten und mitgeholfen haben, dass die Sprache für mich wieder zu einem Kommunikationsmittel und nicht zu einer täglichen Hürde und Prüfung wurde.

Ich habe die Sprache gelernt. Ich habe am Ende sogar brasilianisch geträumt. Aber ich weiß auch, dass alle Kurse nichts nutzen, wenn es nicht Menschen gibt, die mit dem Wunsch zu verstehen mit der Fremden sprechen. Ich bin davon überzeugt, dass die Verkäuferin mich hätte verstehen können, wenn sie es gewollt hätte. An dieses Erlebnis denke ich, gerade wenn ich die Integrationsdebatte verfolge. Ich weiß, dass die Menschen, die nach Deutschland kommen, auf jeden Fall und mit allem Nachdruck die deutsche Sprache lernen müssen. Und dies nicht nur im Telegrammstil, sondern so, dass sie sich darin zu Hause und sicher fühlen. Aber ich weiß auch aus eigener Erfahrung, dass es für diesen Prozess auch Menschen geben muss, die Sprache nicht nur als zu erfüllende Leistung sehen, sondern als Mittel zur Begegnung.

Allen Sprachproblemen hätte ich entgehen können, wenn ich in den Süden Brasiliens gezogen wäre. Dort habe ich Deutschland und Deutschsein erlebt, wie nie zuvor. Ich hatte als Einzige in dem Dorf, das wir besuchten, schwarze Haare. Alle »Einheimischen« hatten blaue Augen und blonde Haare. Es wurde fließend deutsch gesprochen, allerdings ziemlich altmodisch. Das Vermögen, sich brasilianisch zu verständigen war eher holprig. Die Speisen, das gemeinsame Essen der Familie, das Tischgebet, die Familienstrukturen und Bräuche waren, wie ich es aus Erzählungen meiner Großmutter kannte. Kontakt zu Brasilianern (laut Pass waren sie selbst Brasilianer) hatten diese Menschen kaum. Soviel zum Thema Parallelgesellschaften und Migration.

In Brasilien arbeitete ich an einer Studie, die die »Auswirkungen deutscher Direktinvestitionen auf die Lebensbedingungen der Menschen in den sog. Schwellenländern« untersuchte. Es war ein wirtschaftsethisches Thema, und ich war natürlich im Vorfeld sensibilisiert für alle Verflechtungen, die durch den Weltmarkt gegeben waren. Die lange Geschichte der Unterdrückung des lateinamerikanischen Kontinents durch Europa, angefangen bei der Kolonialisierung bis zu dem ungerechten Weltwirtschaftssystem, hatte ich in vielen Einzelheiten im Kopf. Als Theologin natürlich noch beeindruckt von der »Theologie der Befreiung«, in der die unterdrückten und ausgebeuteten Menschen ihre Würde entdecken und beginnen, sich zu wehren gegen diese wirtschaftliche und ideologische Übermacht, zu der ich durch Geburt gehörte.

Ich bin nach Lateinamerika gefahren in dem Bewusstsein, dass dort niemand auf mich warten würde, weil ich ihm oder ihr helfen könnte, ihr Leben zu verbessern, sondern weil ich die Zusammenhänge kennen lernen wollte, um dann hier in Deutschland nach Wegen zu suchen, die Lebensbedingungen der Menschen dort grundsätzlich verbessern.

Schrecklich fand ich eine Begegnung ziemlich zu Beginn meines Aufenthaltes. Als ein brasilianischer Priester mich regelrecht krallte, mein Handgelenk festhielt und laut vor einer Gruppe rief.»Das ist unser Fleisch, du und ganz Europa hängt an uns und saugt uns aus! Ihr esst unser Essen!« Zunächst war ich zu Tode erschrocken, und dann habe ich genauer hingeblickt und sah seine fleischigen fetten Finger, die mein dünnes, eher knochiges Handgelenk umschlungen hatten und hörte sein Gebrüll, dass ich, Carolin, ihm, Luciano, sein Essen weggenommen hätte und ein leichtes Kichern stieg in mir auf.

Diese Aktion hat mich ein für alle Mal davon kuriert, strukturelle Ungerechtigkeiten Individuen als persönliche Schuld zuzuschreiben, was natürlich kein Freibrief ist, alles so zu lassen wie es ist.

Ich bin als Deutsche nach Brasilien gefahren und mir war immer klar, dass ich auch wieder zurück wollte. Als ich dann Zugang zu den verschiedenen Gruppierungen (Gewerkschaften, Frauengruppen, Basisgemeinden, Alphabetisierungskurse) gefunden hatte, wussten viele mit mir nichts anzufangen. Deutsche oder Europäer waren in erster Linie bekannt als Überbringer abgetragener Kleidung oder sonstiger Almosen. In der Regel haben die Menschen sich jedoch Zeit genommen, um mich und mein Anliegen kennen und verstehen zu lernen. Einige sagten nach einiger Zeit zu mir, dass sie sich Deutsche immer ganz anders vorgestellt hätten. So hart und eckig, zackig eben. Na ja, so gibt es eben über alle Länder dieser Welt Vorurteile.

Ich kann und will mir als Deutsche und in Deutschland kein Leben vorstellen, in dem es keine Vielfalt der Kulturen gibt. Und ich könnte endlos und voll Begeisterung erzählen, wie ich als Studentin in einer großen WG gelebt habe. Im Dachgeschoss des Hauses wohnte eine türkische Familie. Zu Bayram waren wir eingeladen, und mangels eines großen Tisches haben wir gemeinsam auf einer ausgehängten, aber festlich gedeckten Tür gegessen; erzählen, wie ich mit meinen brasilianischen Freundinnen nächtelang dem Samba verfallen bin, wie ich als Pfarrerin gemeinsam mit Musliminnen, Jüdinnen, Hinduistinnen, Buddhistinnen gebetet und gesungen habe jede in ihrer Sprache, in ihrer Form und Lebenshaltung und trotzdem im Glauben vereint.

Ich könnte erzählen, wie ich gemeinsam mit marokkanischen Frauen getrauert habe, um die verstorbene junge Mutter dreier Kinder aus meinem Gemeindebezirk. Ich könnte erzählen, wie ich mit muslimischen und christlichen Schülern und Schülerinnen die Synagoge besucht habe, alle jungen Männer die Kippa trugen und wir gemeinsam über unsere Religionen, über unsere Überzeugungen, über Krieg und Frieden gesprochen haben. Ich könnte erzählen und erzählen, voll Begeisterung und voller Freude darüber, was in meinem Land alles möglich ist.

Aber ich weiß, ich muss vorsichtig sein. Gerade habe ich es wieder in der Zeitung gelesen, der Traum von Multi-Kulti ist geplatzt. Wir und die anderen leben in Parallelgesellschaften. Und da passieren schreckliche Dinge.

Ja, ich muss vorsichtig sein. Wir Deutsche sind bedroht! Nur Naivlinge reden so wie ich, von gemeinsamen Feiern und internationalen Festen. So Leute wie ich knabbern an orientalischen Süßigkeiten und verstehen nicht, dass unser gutes Deutschland und nicht nur das, ob der ganzen fremdländischen Bedrohung untergeht, zumal die meisten derer, die da sind und kommen, auch noch so eine gefährliche Religion haben.

»Siehst Du denn nicht«, bekomme ich dann zu hören. »Wie gewalttätig die sind? Die schlagen ihre Frauen, unterdrücken die Mädchen und dann gibt es auch noch die Terroristen!!« Spätestens dann höre ich auf zu lachen. Dann werde ich sehr ernst und auch ärgerlich. Ärgerlich, weil ich weiß, dass diese Formen der Verallgemeinerung neue Gewalt säen, anstatt sie zu bekämpfen. Sie säen neue Gewalt, weil es in Menschen Aggressionen weckt, wenn sie, nur weil sie dunkelhäutige Bartträger sind, unter dem Generalverdacht der Gewaltbereitschaft stehen. Weil es Aggressionen weckt, wenn Frauen, nur weil sie Kopftuchträgerinnen sind, als unselbstständige und devote Unterdrückte abgetan werden.

Verallgemeinerungen säen Gewalt und verstärken die Macht der wirklichen Gewalttäter. Denn die können sich hinter den aufgerichteten Mauern zurückziehen und ihre fundamentalistischen und gewaltbereiten Gedanken verbreiten. Und sie haben in den deutschen Medien auch oft gute Propagandahilfe.

Ich bin es ganz einfach leid, wenn sich jede Muslima und jeder Muslim, egal welcher Glaubensrichtung sie angehören, erstmal verteidigen müssen, anstatt gemeinsam nach Wegen zu suchen, wie wir solcher Gewalt in unserer Gesellschaft entgegentreten können. Gerade weil ich in meiner Arbeit Mädchen erlebe, die zu Hause festgehalten werden, weil ich Jungen erlebe, die in bestimmte Rollen gezwungen werden, gerade weil ich in meiner Arbeit tagtäglich damit konfrontiert bin, will ich, dass diese verallgemeinernden Schuldzuweisungen aufhören.

Ich erwarte von den Menschen in meinem Land, unabhängig von ihrer Nationalität und Religion, dass sie differenzieren, dass sie genau gucken und über Grenzen hinweg nach Verbündeten suchen. Meine Erfahrungen als Ausländerin mit »Inländern« und als Inländerin mit »Ausländern« haben mir deutlich gemacht, dass

Zusammenleben nur gelingen kann, wenn die Menschen sich frei machen von allgemeinen Zuordnungen wie z. B. die Türken, die Deutschen, die Marokkaner. Die gibt es nicht. Ich muss mir schon die Mühe machen, genau zu gucken, von wem ich wie spreche. Außer der Notwendigkeit zu differenzieren gibt es meiner Meinung nach einige Prämissen, die erfüllt werden müssen. Die Sprache als Mittel des Verstehens. Menschen müssen die Sprache sprechen lernen, andere müssen sie verstehen wollen. Das Einhalten der Grundrechte aller im Land Lebender unabhängig von Religion, Nationalität oder Geschlecht.

Ich bin Deutsche und lebe in einem Land, das eine freiheitliche und demokratische Grundordnung hat. Ich lebe in einem Land, in dem schon Generationen von Frauen vor mir für ihre Rechte und ihre Gleichberechtigung gekämpft haben. Ich lebe in einem Land, in dem es (noch) freien Zugang zur Bildung gibt, in dem Denken erlaubt ist und kontroverse Diskussionen erwünscht sind. Aber das ist nicht nur typisch deutsch, sondern typisch menschlich. Und jegliche Einengung dieser Werte und Errungenschaften auf nationale oder religiöse Zugehörigkeit bringt uns ideologisch motivierter Gewalt ein Stück näher. Ich als Deutsche kann bei einem Blick in unsere Geschichte wahrhaftig nicht behaupten, dass Deutschsein gleichsam ein Synonym für Friedfertigkeit und Freiheit wäre. Ich als Christin kann wahrhaftig nicht behaupten, dass meine Religion frei von Unterdrückung und Frauenverachtung wäre.

Niemand kann behaupten, dass allein die Zugehörigkeit zu einer Religion oder Nationalität über den Grad der gelebten Menschlichkeit entscheidet. Sondern es sind die Menschen, die darin leben und glauben. Und es gehören äußere Bedingungen dazu, wie die Grundrechte, die es in einem Land gibt.

Darum bin ich gern Deutsche, weil ich hier die Möglichkeit habe, für die in der Verfassung verankerten freiheitlichen Rechte einzutreten. Und ich sehe uns auf verlorenem Posten, wenn wir diese Werte nur noch verteidigen, sei es mit Stacheldrahtzäunen oder ideologischen Mauern der schnellen Zuweisungen.

Ich möchte meine Werte nicht verteidigen. Ich möchte sie leben, und das mit möglichst vielen Menschen der unterschiedlichsten Kulturen und Religionen. Denn das macht reich.

Wie ich (immer) deutscher wurde – Abriss einer mentalen Selbstausbürgerung

Wolfgang Eggersdorfer

Wolfgang Eggersdorfer wurde 1945 in Bayern geboren. Aufgewachsen ist er in Hannover. Er studierte in Göttingen, Hannover und Paris. Von 1973 bis 1975 war er wissenschaftlicher Mitarbeiter an der Universität Oldenburg. Seit 1975 ist er Lehrer. An einem Gymnasium unterrichtet er die Fächer Deutsch und Geschichte und ist Lehrbeauftragter an der Universität Hannover. Als Nachkriegskind und Vertreter der 68er-Generation hatte er viele Jahre ein ambivalentes Verhältnis zu Deutschland. Inzwischen hat sich der 61-Jährige mit seinem Deutschsein abgefunden. Er ist verheiratet und lebt in Hannover.

Mein Kinder-Personalausweis enthält keinen Hinweis auf eine Nationalität. »Personalausweis Britische Zone für Personen unter 15 Jahren« ist auf ihm zu lesen. Das Einwohnermeldeamt der Stadt, in der ich aufwuchs, Hannover, setzte den Stempel der Meldebehörde, kein Datum, kein Lichtbild – dann gleichwohl der warnende seitliche Aufdruck, der unter anderem das »unbefugte Anbringen von Zeichen oder Rasuren« unter Strafe stellte. Rasuren unter 15 Jahren waren damals nicht üblich. Als Kind staunte ich über die behördliche Androhung. Über das Land, in dem ich aufwuchs, erfuhr ich erst später. Zunächst musste ich erfahren, dass ich ein Preuße war. Ein politisches Gebilde, ein Land, das die Alliierten kurz nach meiner Geburt gerade aufgelöst hatten. Aber welcher Kindskopf wusste davon? Dennoch: Eine erste Erfahrung mit Ausgrenzung verbindet sich mit diesem Namen.

Die Sommerferien verbrachte ich meist bei den Großeltern in München. Sie besaßen ein kleines Haus am südlichen Stadtrand, die Siedlung grenzte an Bauernland. Dort auf den Feldern spielten die Kinder. Ich ging auf sie zu, ich sprach sie an. Sie lachten und ließen mich stehen. A Preiß! Schleich di, Preiß! Ich gehörte nicht zu ihnen, sie sprachen anders, sie waren anders, sie verlachten mich. Meinen sehnsüchtigen Zugehörigkeitswunsch ließen sie nicht gelten. Es hat einige Sommer gedauert, bis ich – und wie ich später erfuhr, unter heimlicher Mithilfe der Erwachsenen – vom Preußen über den Halbbayern dann zum Spielgenossen avancierte, aber nur geduldet! Man hat es mich spüren lassen. Meine Versuche, es ihnen im Dialekt nachzutun, wurden höhnisch belächelt.

In meinen ganz frühen Jahren – vor dem bayrischen Fremdheitserlebnis samt des preußischen Stigmas – fand ein Land bei uns zu Hause häufiger Erwähnung: Frankreich. Das wollte meinen Vater nicht hergeben: So lernte ich meinen Erzeuger erst mit vier, fünf Jahren kennen. Kriegsgefangenschaft. Ich wuchs zunächst unter Frauen auf: Großmutter, Mutter, Tante und Cousine. Die Männer, Onkel und Vater, waren in Gefangenschaft. Merkwürdige Verschwiegenheiten der Erwachsenen: Warum waren die gefangen? Was war geschehen? Wann kamen sie endlich wieder? An spätere Antworten erinnere ich mich – und die fielen seltsam aus. Ich meine, dass ich das Wort Deutschland in diesem Zusammenhang zum ersten Mal bewusst hörte.

Einmal stand dann ein großer schlanker Mann vor der Tür. Mein Vater, mein fremder Vater. Er war kränklich und hatte Wut im Bauch, und mein Onkel kam auch, und dem ging es nicht anders. Wir lebten nun zu siebt in einer Dreizimmerwohnung. Wenn wir auf dem Hof spielten, sahen wir Trümmergrundstücke. Auf dem Boden wurden Tabakblätter getrocknet und im Keller Schnaps gebrannt. Zu Essen gab's immer dasgleiche: Rübensirup, Kartoffeln, dünne Suppen, in Lindeskaffee getauchte Brotreste. Wir Kinder haben das alles normal gefunden. Es hat lange gedauert, bis wir das Wort Krieg hörten und eine vage Vorstellung bekamen, was sich hinter den fünf Buchstaben mit dem langen »i« verbarg. Und das kam so: An manchen Abenden saßen die Erwachsenen, Familienmitglieder und andere Hausbewohner zusammen, es wurde gefeiert, geraucht, getrunken, getanzt und gesungen. Wir lauschten heimlich, was die Großen so taten und sprachen. Der Iwan, der Ami und Tommy waren über Deutschland hergefallen, hatten es zerstört, geteilt, misshandelt. Hitler, Wunderwaffen, die tapferen deutschen Soldaten, sie konnten es nicht verhindern. Eine riesige Schweinerei, Bombennächte, Vergewaltigungen, Dresden, Ostgebiete, Wilhelm Gustloff, Kriegsgefangene, Sibirien ... Erhitztes Gerede, martialische Gesänge, aber vorsichtig, nicht so laut. Sozis, Kommunisten, Verräter ...

Soweit die Erinnerungen an frühe abendliche Familienrunden. Und wir Kinder glaubten es zunächst, das schöne, stolze Deutschland war von einer Übermacht an Feinden niedergerungen worden. Der Tag der Abrechnung würde kommen. Ich spielte mit meinen Freunden Krieg, wir bauten aus Wilhelmshavener Modellbaubögen die Schiffe der deutschen Kriegsmarine als Pappmodelle nach, wir rüsteten mit ME 109, ME 262, Stukas, HE 111 etc. in Form von Falk- oder Revell- Plastikmodellen auf, maßstabgerechte Spielzeugsoldaten mit Kübelwagen und Königstiger kamen hinzu. Das alles gab es selbstverständlich zu kaufen in westdeutschen Spielzeuggeschäften. Auf den Böden unserer Häuser fanden wird Orden, Uniformjacken, Kartentaschen, Parteiabzeichen und Propagandaschriften, herausgegeben vom Oberkommando der Wehrmacht. Günther Prien, Rommel, Mölders, Guderian, Jodl – uns bekannte Namen, Namen von tapferen Soldaten, Helden.

Das mag reichen, um zu verdeutlichen, wie es noch bis etwa 1960 um uns stand. Naiv, ahnungslos, ganz erfüllt von abstrusen Segmenten aus der untergegangenen Erwachsenenwelt. Das war die eine Seite, die folgsame, die spielerisch teilhatte am Fortleben des Unmenschlichen, der Unfähigkeit der Kriegsgeneration zu trauern; wir, die wir das Versagen noch nicht verstehen konnten. Unsere Lehrer unterschieden sich zunächst nicht von unseren Eltern. Das begann mit »Dreigeteilt niemals«, umfasste das, was man dann später erst die »Auschwitzlüge« zu nennen wagte, führte zu Ermahnungen, keine polnischen Weihnachtsgänse zu kaufen und zu heldenhaften Fronterlebnissen allenthalben im Unterricht.

Aber die Rebellion, die Verweigerung kam schleichend: Bewunderung für die gescholtenen Halbstarken, für die »Negermusik«, den Rock'n'Roll, amerikanische Filme, Petticoats, Zeitschriften mit Fotos von Brigitte Bardot. Das bedeutete fast schon Teilhabe an der Aufklärung in diesen muffigen Adenauerjahren mit ihren Sofafaschisten in Chippendalemöbeln. Von Auschwitz hörte ich in meiner Kindheit nichts, höchstens, dass das mit den Juden vielleicht doch ein Fehler gewesen sei. Also zumindest übertrieben hatte man es. Da war der Führer zu weit gegangen. Dann kamen neue, jüngere Lehrer, auch ein mutiger, ebenfalls junger Pastor. Mit ihnen kam eine neue Welt: die Welt einer unbekannten Literatur und Philosophie. Borchert, Böll, Andersch, Sartre, Camus, Kafka. Jetzt waren die alten Geschichten für uns gestorben. Jetzt wurde zu Hause gestritten, selbst wenn man uns niederschrie, ja, ein Onkel mich aus dem Hause wies, als mir zu Deutschsein nur Mörder einfiel.

Deutschland war für uns gestorben, so schien es uns. Wir diskutierten, wir tranken VAT 69, bald tanzten wir Boogie und Blues, küssten die Mädchen, trugen schwarze Strickschlips, schwarze Cordjacken, Jeans, hörten Jazz, versuchten uns aus dem deutschen Fluch, dem Familien- und Generationstrauma zu befreien. Aber so leicht ging das nicht.

Anfang der 60er-Jahre dann der Schüleraustauschfahrt nach Südfrankreich. In Lyon müssen wir umsteigen, die Lehrer voran, eilen wir den Bahnsteig entlang. »Hitler, Scheiße, Boches« – schallt es massenhaft aus den Waggons. Wir sind »Hitler«, wir sind »Scheiße«, wir sind die »Boches«. Das sitzt. Wir sind nicht erwünscht. Man erkennt uns. Wir schämen uns. Die Lehrer schweigen und schieben uns in den Zug nach Nîmes. Ich stehe fassungslos auf dem Gang und schaue in die fremde südliche Landschaft des Flusstals. Ich will kein Hitler-Scheiße-Deutscher sein. Ich rauche heimlich Gaulois, ich habe doch dunkles Haar, ich spreche doch ganz gut Französisch.

Nächstes Jahr: England. Ich fahre mit einem Freund allein nach Bristol, paying-guest in einer Familie. Man nimmt uns freundlich auf. Die Beatles spielen in Weston-super-Mare. Die Gasttochter und ihre Freundin nehmen uns mit. Später dann in einem Club, wir werden als »Honory members« aufgenommen, stoßen einige junge Männer auf uns. Wo wir herkämen, wir seien doch nicht etwa Deutsche, Nazis. Nazis? Wir sollten rauskommen. Es gäbe Schläge. Unsere Begleiterinnen schweigen. Wir beiden jungen Deutschen haben plötzlich Angst, die anderen sind in der Überzahl, betrunken, aggressiv, sie schlagen uns zusammen. Was tun? Wir Kinder von ehemaligen »Helden«, »Frontsoldaten«! In meiner Not greife ich auf das zurück, was ich später als Brechtsche Listigkeit kennen lerne, bloß nicht den Helden spielen, schlau sein. Und ich spreche die aggressiven jungen Männer französisch an, lüge von einer Vaterstadt Nîmes etc. Sie schauen mich an. Dunkles Harr, dunkle Augen, sommerbraunes Gesicht. Sie glauben mir. Gerettet! Haben wir nur gelogen, waren wir nur feige? War die exterritoriale Identität nur Hochstapelei? Nein, wir wollten keine Deutschen mehr sein. Das Volk der Richter und Henker. Wir waren auf der Flucht. Frankreich erschien wie ein freiwilliges Exil; Kultur, Geschichte, Lebensart – was ich davon zu wissen glaubte!

Ich habe es nie ganz verstanden, wieso mein Vater als Kriegsgefangener Frankreich hatte mögen können. Vielleicht hat er mir aber auch nicht alles erzählt. Wieso denn auch. Dennoch bin ich ihm, dem ehemaligen Wehrmachtsangehörigen und Gebirgsjäger, schon als Kind in seiner Liebe zu Frankreich gefolgt. Deutsche Merkwürdigkeiten. Was habe ich als junger Mensch aus freien Stücken gewählt als Fremde? Wo bin ich nur folgsam gewesen? Immerhin habe ich diesen Vater auch geliebt. Letztlich habe ich ihm selbst die Hitlerzeit verzeihen können. Wieso eigentlich? Er war kein politischer Kopf. Er hatte seine katholisch bigotten Eltern gehasst. Man hatte ihn aus dem Haus gejagt, so war er in den Jahren der Weltwirtschaftskrise in der Reichswehr gelandet. Und was dann kam, weiß man.

Ende 1969 ging ich zum Studieren nach Frankreich, Paris. Nach 1968 keine Frage. Der gallische Hahn hatte wieder gekräht! Die Frage ist nur: Wie kommt man aus der rechten deutschen Kleinbürgerecke zur Neuen Linken? Das jähe politische Großwerden in der Provinz, wo man gerade noch das Panzerschiff Deutschland gebastelt hatte, jetzt den *SPIEGEL*, bald auch den *Prozess* las, im Kino *Das Schweigen* sah und auf der Bühne den *Stellvertreter* oder *Marat/Sade*, war möglich, weil es nicht nur individuelle Suche war. ›Cause summer's here and the time was right for fighting in the street!‹ Das Bedeutsame an 68 war für uns, für mich: Die eigene kleine Rebellion gegen die enge Herkunft, gegen die gestrige Welt der Eltern, gegen das falsche Deutschland verband sich mit einer großen Protestbewegung von Berkeley bis Berlin.

Meine erste Demonstrationserfahrung hatte einen vergleichsweise kleinen Anlass, die hannöversche Regierung wollte gegen Teile einer liberalen Öffentlichkeit mit der katholischen Kirche ein nicht unproblematisches Konkordat abschließen. Wir Schüler gingen auf die Straße. Dieter Hildebrandt von der Münchner Lach- und Schießgesellschaft war gekommen und führte den Zug der Protestanten an. An den großen Plätzen der Stadt hielt er jeweils eine kurze Ansprache, die mit dem Satz schloss: Und froh ruft die Regierung aus Hannover, das Volk wird immer doofer! Ich lernte: Verlachen hilft! Dann wurden Motive und Tempo der Empörungen ernster, bedeutsamer: Vietnam, der Schah-Besuch, Notstandsgesetze ... Das alles ist bekannt.

Die roten Fahnen der Demos, Sit-ins, Institutsbesetzungen – sie sollten Altdeutschlands Leichentuch sein. Befreiungsversuche, politische, persönliche. Eine neue Welt war im Entstehen, wir waren dabei, wir waren ein Teil des Neuen. Wir lasen neue alte Texte einer bislang nicht siegreichen deutschen Tradition: Hegel, Marx, Heine, Brecht, Tucholsky, Freud. Wir hörten die neuen bösen Lieder. *Sympathy for the devil, Let's spend the night together* ... Wir tanzten, wir träumten, wir liebten, wir reisten, wir diskutierten, wir besetzten und blockierten (manchmal uns selbst). Wir wussten: von der Revolte zur Revolution war nur noch ein Schritt. »Das waren Visionen, Seifenblasen. Sie platzten«, wie es in einem Gedicht von Heinrich Heine heißt. Die bleierne Zeit. Deutschland im Herbst. Eiszeit. Was tun? Immerhin, der Muff der Adenauerjahre war (fast schon) vergangen. Zumindest doch *Riders on the storm*, wind of change!

Aber das alte Deutschland, was war nur aus ihm geworden? Meine Eltern schenkten mir zum Geburtstag einen kostbaren Bildband der Alten Pinakothek. Was sollte ich in München? Was hatten die Alten Meister noch zu bieten? Zum Begräbnis meines bayrischen Großvaters fuhr ich nicht. München – Stadt der Bewegung! München war mega-out, wie alle deutschen Städte, deutschen Landschaften! Was sollte man dort? War da nicht vor einer historischen Sekunde noch zu lesen gewesen: Juden unverwünscht! Ein Volk, ein Reich, ein ... Fuck off!

»Dann musst du mir nie von Deutschland reden, ich kanns nicht vertragen – es hat seine Gründe!« Als ich in Paris studierte, fuhr ich über Weihnachten nicht nach Hause. Wozu auch? Als ich in Paris studierte, wollten die jüdischen Kommilitonen mit uns im Seminar nicht reden. Obwohl wir über Marx und Hölderlin arbeiteten.

Da dachte ich nicht: Wozu auch? Wir wollten doch die versteinerten Verhältnisse zum Tanzen bringen. So what? Der revolutionäre Überschwang passte hier nicht. Wo ich mich mit vielen diesrheinischen Generationsgenossen doch selbst weigerte, mein Land zu akzeptieren. Als ich mit Freunden Alais Resnais' *Nacht und Nebel* sah, weinten wir, bevor wir uns betranken.

Erst die 68er – so scheint es mir heute noch gegen alle Westerwelles und andere gut geföhnte Gäste – haben stellvertretend für die eigenen Eltern die Schuld eingestanden und die Scham durchlebt. Woran, an wem konnten wir uns orientieren? Männer des Widerstandes, heimgekehrte Exilierte, frühe Unbequeme der Nachkriegszeit? Selbst in Hannover konnte man dieser Jahre immerhin bei Hans Mayer, Peter Brückner, Fritz J. Raddatz, dann auch bei Oskar Negt studieren. Was lernte ich? Was hätte ich lernen können? Widerspruchsgeist? Widersetzlichkeit? Widerruf? Ein anderes Deutschland? Aber es gab doch schon zwei! Keins war das richtige! Eine andere Welt? Gerne, aber wie? Vielleicht bleibt, so hoffe ich, das Querdenken! Und Deutschland – eine kleine kritische Bibliothek? Ein Koffer mit Werken von Unzeitgemäßen, überall mit hinzunehmen? Also Heimatlosigkeit auf hohem Niveau?

Und wir wurden älter, trotz Friedensbewegung und Nato-Doppelbeschluss, wir mussten Geld verdienen, und der Weg durch die Institutionen begann. Wir schwankten zwischen Integration und Reformeuphorie, zwischen Ehekrisen und Beziehungskisten, zwischen Konsum und Körnerfressen, zwischen Alfa Romeo und Allotria, und die Welt wurde wieder alltäglich und ich mittendrin. Und dann kam der Kohl mit seinen blühenden Landschaften und dem Begrüßungsgeld. Abwickelnde Treuhänder, rote Socken und, zu guter Letzt, Brioni-Kanzler Schröders faule Socken.

Und so machte ich mich auf die Socken: Ich bin Lehrer geworden. Das fiel nicht leicht. Pädagogisches Eros und Provinz hatten wir nicht. Die deutsche Nachkriegsschule hatte uns nicht nur Gutes getan. Lehranstalt! Ich war wütend auf mich, weil ich mir das nicht ersparen konnte. Meine Vereidigung erlebte ich als Schmerzzufügung und Farce. Nur wenige Wörter ausgetauscht, dann hätte das 1933 ähnlich geklungen.

Als wir als Schüler einst in der Schülerzeitung gegen einen Nazi-Lehrer vorgegangen waren, hatte uns der Schulleiter angefaucht: An meiner Schule machen Sie kein Abitur! Eine Kommission des Kultusministeriums rückte an, wir wurden verhört. In ministerieller Bedeutung bejahrte Beamtenköpfe in graues Behördentuch gekleidet betrachteten uns feindselig. Eine bubenhafte Unbotmäßigkeit hatten wir begangen! Dann bekamen der *SPIEGEL*, der NDR und andere Presseorgane davon Wind. Ein Kamerateam vor unserer Schule! Selbst der Schäferhund unseres

Hausmeisters konnte sie nicht vertreiben. Die lokale Presse musste berichten. Wieder zitierte der Schulleiter uns Häuflein der sieben Aufrechten zu sich. Mit geöltem Blick, die Hände reibend, eröffnete er uns huldvoll: Wir danken Ihnen für Ihre Zivilcourage. Das sind die jungen Menschen, die unsere junge Demokratie braucht. Respekt, meine Herren! Das war eine Lehrstunde gewesen zwischen Obrigkeitsstaat und demokratischer Öffentlichkeit! Dennoch: Es gab unter den Lehrern Ausnahmegestalten. Wir sind durch die deutsche Schule gegangen, haben unsere Lektionen gelernt, am Ende entkommt man seinem Land nicht. Dichter, Denker, Richter, Henker – hilft denn der Humanismus gegen gar nichts? Es bleibt unsere Frage. Und ich wurde Lehrer.

Das deutsche Problem. Keine medial weltmeisterschaftliche Selbstfeier kann da helfen, keine europäische Identität, keine, sich ihre Schurkenstaaten selbst schaffende westliche Wertegemeinschaft rettet mich. Wie entkommt man Deutschland? Abriss einer mentalen Selbstausbürgerung: 1. In die Arme ausländischer Frauen flüchten. 2. In den Ferien: Nichts wie weg hier! 3. Arbeiten und gegenarbeiten. 4. Durchhalten – manchmal auch durchmachen. 5. Hier bleiben und doch ganz woanders sein. 6. Sprachen lernen, auf undeutsche Menschen hoffen. 7. Zumindest temporär querulantisch bleiben! 8. Lachen und verlachen. 9. Sich in Absurdistan nicht in einen Ochsen verwandeln lassen! 10. Zwischen Design und Dasein unterscheiden können! 11. »Das wirkliche Leben ist immer anderswo!« (Rimbaud)

Ich werde Deutschland nicht entkommen. Wie sollte ich auch? Was ich so treibe, wollen Sie wissen?

Neulich flog ich mit *easy jet* für ein paar Tage nach Rom (ersehnte, vertraute Fremde), anschließend mit der Bahncard 25 für eine Woche nach Sylt (lange Spaziergänge am nördlichen deutschen Strand). Weil ja vorne Piazza Navona und hinten Nordsee auch nicht geht: freizeitlicher Lebensspagat. Aber man kommt so in die Jahre. Was kann man noch tun? Vielleicht einem Verein beitreten? Ach, da las ich neulich die mutmachende Werbung eines Schützenvereins: »Schießen lernen! – Freunde treffen!« Deutschland ist schön.

»Deutschsein hat viele Gesichter«

Marlies Fischer

 Geboren und aufgewachsen ist Marlies Fischer in Lübeck. Nach dem Studium der Germanistik, Publizistik und Politikwissenschaft in Münster, Göttingen und in Durham (US-Bundesstaat North Carolina) volontierte sie bei einer Tageszeitung in Lüneburg. Von 1990 bis 1993 war sie Korrespondentin beim Springer-Auslandsdienst in London. Seit 1993 ist sie Redakteurin beim Hamburger Abendblatt im Ressort Politik und verantwortlich für die Berichterstattung rund um das Thema Europa. Ihre Arbeit führt sie immer wieder ins Ausland. Die 48-Jährige lebt mit ihrem Mann in der Nähe von Hamburg.

Ich bin Deutsche. Das ist kein Verdienst, sondern eine Tatsache. Meine Eltern haben die deutsche Staatsangehörigkeit, und ich wurde in der Hansestadt Lübeck im deutschen Bundesland Schleswig-Holstein geboren. Die Zeitläufe haben mir eine einwandfreie deutsche Abstammung und einen unauffälligen deutschen Namen beschert. Unter meinen Vorfahren gibt es keine italienische Großmutter und keinen irischen Onkel.

Nur mein Urgroßvater mütterlicherseits taugt für einen Hauch Exotik. Er kam 1866 in Sonderburg auf der Insel Alsen zur Welt. Heute gehört diese Region zu Dänemark, aber damals war die Insel deutsch, und dieser Verwandte eben auch Deutscher.

Während meiner Kindheit und Jugend war ich vor allem Westdeutsche. Jahr um Jahr wurde mir dies von klein auf bewusst, wenn wir die Familie meines Vaters im Erzgebirge in Sachsen besuchten. Wir fuhren ins andere Deutschland, in die DDR. Mussten ein Visum für die Einreise beantragen, Grenzkontrollen über uns ergehen lassen, uns polizeilich anmelden, eine bestimmte Summe unserer D-Mark pro Tag in Mark der DDR zwangsumtauschen. Alle sprachen Deutsch, aber die DDR war ein fremdes Land.

Mit Cousine und Cousins rechnete ich aus, wann sie das Rentenalter erreicht hätten und mich im Westen besuchen könnten. Mittlerweile hat die Geschichte diese Planungen glücklicherweise beschleunigt.

Während des Studiums in Göttingen hatte ich mich einer Gruppe in der evangelischen Studentengemeinde angeschlossen, die wiederum Kontakte zu Studierenden in Halle hatte. Wir trafen uns einmal im Semester in Ostberlin, wobei wir Wessis – den Begriff gab es Anfang der 80er-Jahre noch nicht – jeden Abend um kurz vor Mitternacht über den Grenzübergang Friedrichstraße wieder in den Westteil der Stadt zurück mussten.

Im Sommer 1980 beschlossen drei Freunde und ich aus Göttingen, gemeinsam mit zwei Schwestern aus Halle Urlaub zu machen. Prag, Brünn und Bratislava in der damaligen Tschechoslowakei sowie Budapest und der Plattensee in Ungarn waren unsere Ziele per Bahn. Wir hatten drei schöne Wochen mit Zelt und Rucksack, nächtlichem Schwimmen und schüchternen Flirts. Wir sprachen dieselbe Sprache, tanzten zur selben Musik und diskutierten beim Wein über die Lage in Polen. Aber als die Jungen und ich die Heimreise über Wien antraten, blieb den Freundinnen aus Halle der Weg gen Westen versperrt.

Tempi passati. Seit 16 Jahren gibt es nur noch einen deutschen Staat. Aber zwischen Mauerfall und 3. Oktober 1990 gewann die deutsche Frage für mich noch einmal an Fahrt. Ich hielt mich Anfang 1990 im Rahmen eines Stipendiums drei Monate lang an der amerikanischen Duke-Universität auf. Wiedervereinigung oder zwei deutsche Staaten, die Unterschiede und Gemeinsamkeiten der Deutschen in Ost und West, Tag für Tag kleine historische Momente – die Amerikaner wollten viel wissen, und ich war eine begehrte Gesprächspartnerin, erzählte auf Englisch über Deutsche und Deutschland so viel wie nie zuvor. Aber über meine Staatsangehörigkeit dachte ich nicht besonders nach.

Heute ist die Welt nahezu grenzenlos. Die Deutschen sind Reiseweltmeister und fallen im Ausland nicht immer nur positiv auf. Zwischen 1991 und 1993 arbeitete ich als Korrespondentin in London und war froh, dass ich aufgrund meines Akzentes meist als Skandinavierin einsortiert wurde. Ich ließ mein Gegenüber häufig in dem Glauben, denn auf Nazi-Witze und Vorurteile, die einer Korrektur, dass ich Deutsche sei, in vielen Fällen postwendend gefolgt wären, hatte ich keine Lust. Da war mir meine Staatsbürgerschaft fast ein wenig peinlich.

Die historische Bürde meiner Staatsangehörigkeit traf mich wie ein Schlag im Schicksalsstaat der Deutschen, in Israel. 1981 bereisten eine Freundin und ich per Linienbus vier Wochen lang das Land. Wenn wir uns unterwegs über eine Landkarte beugten und über die Reiseroute berieten, wurde uns oft Hilfe angeboten – auf Deutsch. Die Menschen waren freundlich, und wenn wir bei unseren zumeist älteren Gesprächspartnern auf dem Unterarm keine eintätowierte Nummer entdeckten, dann waren wir erleichtert. Denn wir hatten Angst vor einer Begegnung mit Überlebenden des Holocaust.

Aber sie kam, war versöhnlich und gerade deshalb so beschämend für uns zwei Deutsche. Wir besichtigten die Knesset, das israelische Parlament, und kamen mit zwei Herren ins Gespräch. Der Israeli wollte seinem Gast aus den USA anschließend die Holocaust-Gedenkstätte Yad Vashem zeigen und lud uns zum Mitkommen ein. Wir gingen still und bewegt durch die Ausstellung, die dem Besucher die Schrecken und Grauen der Judenvernichtung durch die Nazis nicht erspart. Plötzlich blieb der Israeli vor einem großen Foto aus Auschwitz stehen, wies auf eine dort abgebildete Frau und sagte ganz ruhig: »Das ist meine Mutter. Sie starb im Lager.«

Meine Freundin und ich erschraken – umso mehr, als der Mann uns dann noch seine Nummer auf dem Unterarm zeigte. Und wir fragten, warum er, der Holocaust-Überlebende, jetzt so freundlich zu uns sei. »Ihr seid Teil der Geschichte, aber Ihr könnt nichts dafür«, sagte der Israeli. »Ihr besucht mein Land und interessiert Euch für die Menschen. Das ist Gegenwart und Zukunft. Und solche Deutschen sind mir willkommen.«

Dass ich Deutsche bin, beschäftigt mich eher wenig. Es ist einfach so und macht mich auch nicht stolz. Stolz bin ich eher darauf, Lübeckerin zu sein, in der Stadt der sieben Türme, dem Geburtsort von Thomas Mann und Willy Brandt zur Welt gekommen zu sein. Ich bin Norddeutsche, mag die klare Luft, den weiten Himmel, Knicklandschaft und blühende Rapsfelder, das Meer, Wind und manchmal sogar Schmuddelwetter. Und ich bin Europäerin, die sich der Fehler und Verdienste, der kulturellen Leistungen und kriegerischen Katastrophen des alten Kontinents nicht nur aus beruflichen Gründen bewusst ist.

Deshalb denke ich eher darüber nach, wie deutsch ich bin. Thomas Straubhaar, Präsident des Hamburgischen Weltwirtschaftsinstituts HWWI, schrieb kürzlich, es habe einen Wert, »Deutscher zu sein« und erwähnte die Rechtsstaatlichkeit, politische Stabilität, Frieden, Sicherheit, Freiheit und materiellen Wohlstand. Dies sind natürlich Güter, mit denen es sich sehr gut leben lässt.

Aber was ist typisch deutsch? Pünktlich zu sein, zuverlässig, effizient, strebsam und fleißig. Diese so genannten Primärtugenden stelle ich auch bei mir fest und komme damit in meinem Leben und Beruf, in meinem System, gut zurecht. Aber diese Eigenschaften können auch negativ ausgelebt werden. Und dann führt das typisch Deutsche zu Verhaltensweisen, die ich »Blockwart-Mentalität« nenne. Ich meine blinde Folgsamkeit, ohne das eigene Handeln zu reflektieren, sich Vorteile zu verschaffen und sich anderen gegenüber ohne Grund, aber wegen einer vermeintlichen Macht, zu erheben, starr und unflexibel zu sein bis zu einer gewissen Borniertheit nach dem Motto »Das haben wir schon immer so gemacht« oder »Das haben wir noch nie so gemacht«. Wenn ich so etwas erlebe, dann fühle ich mich als Deutsche ziemlich unbehaglich.

Dann bin ich mit dem Deutschsein und den sich so verhaltenden Deutschen nicht im Reinen – und so geht es wohl vielen. Jede politische Reformdebatte in diesem Land bietet denselben Aspekt. Sobald die Deutschen das Gefühl haben, etwas bei und an sich selber ändern zu sollen – ihr Schulsystem, ihre Arbeitsmärkte, ihre Einwanderungspolitik oder ihre Universitäten – finden sie die Modelle dafür nicht in den besten eigenen Traditionen, sondern im Ausland: wahlweise in den USA, in Skandinavien, den Niederlanden oder anderen europäischen Staaten. Werden, wie andere schon sind – das ist hierzulande das forsch formulierte Ziel. Und da es in der Wirklichkeit einigermaßen schwierig ist, es zu realisieren, bleibt dann das meiste, wie es ist.

Deutschsein hat viele Gesichter – nette und tolerante, ablehnende und unfreundliche. So wie jede Nationalität viele Erscheinungsformen hat. Ich nehme meine Staatsbürgerschaft hin und mache mir nicht dauernd Gedanken darüber. Ich bin Deutsche. Wie gesagt: Das ist in meinem Fall eine Tatsache und kein Verdienst.

»Fünf Tage Deutschland, und ich bin kuriert«

Günter Seufert

Günter Seufert kam 1955 in Franken zur Welt und studierte Soziologie. Seit mehr als 15 Jahren lebt er in Istanbul und war dort bis 2001 Leiter des Orient-Instituts der Deutschen Morgenländischen Gesellschaft. Der Soziologe arbeitet als Publizist und ist Gastprofessor an der Cypris University in Nikosia. Er ist mit einer Türkin verheiratet und hat mit ihr einen vierjährigen Sohn.

Hätte mir vor 15 Jahren einer gesagt, dass ich als Deutscher fühle und empfinde – ich hätte ihn nur ausgelacht. Dabei war ich damals um vieles deutscher, als ich es heute bin. Ich lebte in Deutschland, im fränkischen Bayern, wo es an Deutschtümelei, Ausländerfeindlichkeit und Sympathie für alles Rechte keinen Mangel hat. Ich las und sprach fast ausschließlich Deutsch, mein Schulenglisch war mir nur peinlich, und das wenige Türkisch, das ich damals konnte, war hölzern und noch nicht wirklich Teil von mir.

So deutsch war alles um mich her, die Politik, der Staat und die Last der Geschichte, so langweilig-lieblich die Dörfer, Landschaften und Städte Frankens, so aufdringlich familiär der Ton in Radio Bayern 3 und so mit sich zufrieden waren die deutschen Leute rund um mich herum, dass mir das Deutsche vorkam wie ein Meer von süßem Brei, der einen nährt und wärmt und gleichzeitig zu ersticken droht. Wer so fühlt, wie ich damals, steht links, misstraut dem deutschen Volk und seinem Staat und hat viel Sympathie für alles Fremde. Für den ist Deutschsein eine Last, die man abwerfen würde, wenn man könnte, die man jedoch nicht los wird, weil sie gleichzeitig eine ethisch-politische Aufgabe ist, die mit nichts besser beschrieben werden kann, als mit »nie wieder!«

So argwöhnisch stand ich den Regungen der deutschen Seele gegenüber, dass ich beim Fall der Mauer und ihrer Losung »Wir sind ein Volk« keine Freude empfand, sondern nur skeptisch war. Mir ging es wie jenem westlichen Politiker, der sagte, er liebe Deutschland so, dass er eher zwei oder drei Deutschland als nur eines haben wolle. Die Szenen der Verbrüderung von Deutschen in West und Ost, die viele damals so bewegten, in meinen Augen waren sie Rituale des Vergessens und der gegenseitigen Absolution. Waren die Deutschen beider Seiten nicht 40 Jahre ihren Politikern im Kalten Krieg gefolgt, in der die Deutschen der jeweils anderen Seite die Rolle der Bösewichte zu spielen hatten?

Was widerfährt dir als antideutschem Deutschen, sobald du dich in einem Land wie der Türkei niederlässt? Zuallererst, dass keiner dich so recht versteht! Denn für die Menschen der Türkei, wahrscheinlich sogar für den ganzen Rest der Welt, ist positives Nationalgefühl eine ganz schlichte Selbstverständlichkeit. In der Türkei gilt das für Rechte wie für Linke, für Fromme wie für Atheisten, für Gegner der Regierung wie für ihre Unterstützer. Auch wer sich nicht als Türke fühlt, hat deshalb noch lange kein Problem mit seinem nationalen Ich, dann ist er eben Kurde oder sonst etwas. Unser sich Zieren, Distanzieren, unsere Mischung aus Ablehnung kollektiver Zugehörigkeit und Annahme kollektiver Schuld, aus Lossagung und Bekenntnis ist typisch deutsch, und zu erwarten, dass ein anderer das nachvollzieht, ist müßig.

Gebrochene deutsche Identität kann sich in der Türkei deshalb nur schwer darstellen und erklären. Gleichzeitig jedoch wird das Nationale ständig angesprochen, denn unter Fremden, die alle Türken sind, verwirklicht sich die Fremdheit des Fremden als seine andere Nationalität. Alter, Beruf, Herkunft und politische Überzeugung, Dinge, die uns zu Hause unter Deutschen primär definieren – beim ersten Kontakt mit Einheimischen im Ausland ist alles das nur Zierrat. Das was den Fremden ausmacht, ist seine nationale Unterschiedlichkeit. Du als Deutscher – Sen bir Alman olarak – fliegt auch dem ständig um die Ohren, der sich bislang primär anders verstand. Bei so viel Wasser wächst das Pflänzchen Nationalgefühl, ob du willst oder nicht, und dabei ist es vollkommen egal, ob die Bilder von Deutschland und den Deutschen, die dir jetzt ständig gegenübertreten, eher zustimmend oder ablehnend sind.

Ob du nun falsches »Lob« zurückweist und sagst, dass nicht alle Deutschen fleißige Arbeitstiere sind oder ob du dich dagegen verwahrst, dass Deutsche nun mal von Hause aus Rassisten sind, du bleibst im Teufelskreis der nationalen Zugehörigkeit gefangen. Du sprichst als Deutscher, trittst als Deutscher auf, und wenn das jahrelang so geht, dann wirst du es und fühlst dich so.

Wer fragt danach, dass dein Leben immer weniger deutsch ist? Je mehr du türkisch sprichst, desto mehr Leute können dich nach deinem Deutschsein fragen, und wenn du Raki statt Bier trinkst, erhebt sich gleich die Frage, ob die Deutschen Raki mögen oder nicht.

Doch egal wo du als Ausländer lebst, dein Nationalgefühl wird durch andere Dinge zusätzlich verstärkt, am kräftigsten durch alles, was dir im neuen Lande auf die Nerven geht. So wird zum Beispiel vollkommen unbemerkt und schleichend aber deshalb nicht weniger gründlich aus dem waghalsigen Fahrstil Istanbuls die

Fahrweise »der Türken«, und das ist nur der Anfang. Egal ob dich Behörden schikanieren oder ob Männer deine Frau angaffen, ob die Politiker nur Unsinn reden oder ob Unternehmer deine Atemluft verpesten, egal auch ob die Disco drei Ecken weiter noch um vier Uhr morgens plärrt oder die Polizei dich anhält und auf Bakschisch schielt. Immer öfter ziehst du die Grenze zwischen dir und denen, die so handeln, die Grenze, zwischen dir, dem Deutschen, und »den Türken«.

Eine solche Grenzziehung ist natürlich sachlich falsch und keineswegs vertretbar aber gerade deshalb ungemein entlastend. Du bist nicht Teil der Dinge, die du kritisierst, ein Luxus, der sich in Deutschland niemals einstellt. Den Höhepunkt erreicht der Mechanismus im politischen Bereich. Denn er erspart dir das Gefühl persönlicher Mitschuld und Verantwortung, das sich in Deutschland immer einstellt, wenn in Staat und Gesellschaft grobes Unrecht geschieht. In der Türkei dagegen ist die Grenze zwischen den so Handelnden und mir viel fester etabliert. Ich lebe zwar hier, doch bin ich weder in ihren Augen noch in meinen wirklich einer von ihnen, von den Türken. Ich bin Deutscher.

Wann immer ich an dem Punkt angelangt bin, hilft nur noch der Aufenthalt im heißgeliebten Vaterlande. Fünf Tage Deutschland, und ich bin kuriert. Bereits am ersten Tag vermisse ich die Leute auf der Straße, die mir in Istanbul in ihrer Masse die Nerven rauben. Kontakte mit Handwerkern und Behörden beschleunigen die Therapie. Das Ausfüllen der Steuererklärung hat ebenfalls ganz ungeahnte Heileffekte, und jeder Kontakt mit der Deutschen Telekom macht mich zum türkischen Nationalisten.

Manchmal trifft es sich günstig, und die Therapeuten reisen direkt aus Deutschland an, etwa Politiker, am besten von CDU und CSU, in Deutschland bekannt für ihren selbstlosen Einsatz für Minderheiten-, Frauen- und Bürgerrechte. Wenn sie zur »Inspektion« der Türken nach Ankara und Istanbul kommen und sich als demokratische Oberlehrer präsentieren, erspart das glatt den anstehenden einwöchigen Besuch in Deutschland. Die Mischung aus Selbstgefälligkeit und Ignoranz, die einem da entgegenschlägt, die Dreistigkeit, mit der man sich auf die christlich-jüdischen (!) Fundamente deutsch-europäischer Kultur beruft und an dem gezimmerten Selbstbild die Türken misst, zerstört die Fundamente meines Deutschtums, an dem türkische Nachbarn, Politiker und Autofahrer so unentwegt und tapfer werkeln.

VI DEBATTE

Die Querelen um das deutsche Staatsbürgerschaftsrecht

Erst mit der Entstehung von Nationalstaaten im Übergang vom 18. ins 19. Jahrhunderts wuchs die Notwendigkeit, das Verhältnis von Staat und Bewohnern über Gesetze zu definieren. Denn dieses Verhältnis beruht auf Rechten und Pflichten des Bürgers – und dementsprechend galt und gilt es zu regeln, wer dazugehören durfte/darf und wer nicht, wer Inländer und wer Ausländer ist. Staatsbürgerschaft hat also eine einschließende und eine ausschließende Funktion, definiert anhand bestimmter Kriterien den Zugang zur politischen, sozialen und gesellschaftlichen Teilhabe. Nach geltendem Völkerrecht kann jeder Staat die Modalitäten für den Erwerb und Verlust der Staatsangehörigkeit weitgehend frei bestimmen. Die Voraussetzungen für die Aufnahme in den Staatsverband wiederum lassen Rückschlüsse auf den »Offenheitsgrad« der jeweiligen Gesellschaft zu. Im Kontext von Einwanderung und Integration nimmt in der Bundesrepublik das Staatsangehörigkeitsrecht eine Schlüsselrolle ein.

Im Folgenden wird die politische Diskussion der jüngsten Vergangenheit zusammengefasst und abschließend skizziert, wie sich die Staatsangehörigkeitsmodelle *Jus Sanguinis* (Abstammungsprinzip) und *Jus Soli* (Territorialprinzip) entwickelt haben.

Einbürgerung nach schriftlicher Prüfung

Das Thema Einbürgerung bewegte zuletzt im Frühjahr 2006 die Gemüter, als nämlich das CDU-regierte Hessen den »Leitfaden Wissen und Werte in Deutschland und Europa« herausgab. Anhand der 100 Fragen umfassenden Fibel sollten Antragsteller sich auf die Einbürgerung vorbereiten. Wer deutscher Staatsbürger werden wolle, der müsse auch die »politischen, gesellschaftlichen, wirtschaftlichen und kulturellen Grundlagen und Überzeugungen unseres Staates« kennen, argumentierte Innenminister Volker Bouffier. Für seinen Vorstoß erntete der CDU-Politiker nicht nur Lob; Fibel und Fragen sorgten auch für Verärgerung und Spott. Prominente Deutsche – Politiker, Wissenschaftler und Kulturschaffende – erklärten, dass selbst sie auf so manche Frage keine Antwort gewusst hätten. Ist nur der, der drei Namen von deutschen Philosophen nennen kann, ein guter Staatsbürger? Muss ein Einbürgerungswilliger wissen, welches Motiv der deutsche Maler Caspar David Friedrich auf einem seiner bekanntesten Bilder gemalt hat? Muss man überhaupt diesen Maler kennen, um seine staatsbürgerlichen Pflichten erfüllen zu können?

Nach und nach legte sich die Aufregung um den hessischen Leitfaden, derweil die Innenminister der Länder zu ihrer Frühjahrskonferenz (Mai 2006) zusammenkamen und sich auf einen Gesetzentwurf einigten, in dem die hessische Idee aufgenommen wird.

Die hitzige Debatte um Einbürgerungsfibel und Fragenkatalog setzte die Aufregung fort, die im Januar 2006 mit der Einführung des Gesprächsleitfadens in Baden-Württemberg begonnen hatte. Sachbearbeiter sollen sich in Zweifelsfällen anhand des 30 Fragen umfassenden Papiers Klarheit darüber verschaffen, ob der Antragsteller sich »ernsthaft zur freiheitlich demokratischen Grundordnung bekennt«. Bewerber haben dann Auskünfte über ihre persönlichen Einstellungen und inneren Werte zu geben. Die Fragen greifen Themen wie Religion, Terrorismus und Homosexualität auf. So lautet beispielsweise eine Frage: »Stellen Sie sich vor, Ihr volljähriger Sohn kommt zu Ihnen und erklärt, er sei homosexuell und möchte gern mit einem anderen Mann zusammenleben. Wie reagieren Sie?«

Wegen Bedenken gegen den Leitfaden gab die Heidelberger Oberbürgermeisterin Beate Weber (SPD) ein Gutachten in Auftrag. Rüdiger Wolfrum, Juraprofessor und Direktor des Max-Planck-Instituts für ausländisches öffentliches Recht und Völkerrecht, kam zu dem Ergebnis, der Leitfaden verstoße »eindeutig gegen die Rassendiskriminierungskonvention der Vereinten Nationen« und diskriminiere eine bestimmte Gruppe von Einbürgerungsbewerbern – nämlich Muslime. Der »Gesinnungstest«, wie der Leitfaden von Kritikern auch wegen Fragen zu Gewalt in der Ehe und zur Gleichberechtigung von Mann und Frauen genannt wird, ziele vor allem auf Muslime ab und stelle sie unter Generalverdacht, lautete der Einwand. Menschen mit muslimischem Hintergrund würden »hierzulande sowohl bezüglich ihrer kulturellen Integrationsfähigweit wie hinsichtlich ihrer verfassungspolitischen Loyalität mit einer besonderen Skepsis betrachtet«, urteilte Heiner Bielefeldt, Leiter des Menschenrechtsinstituts in Berlin.

Weder Gutachten noch Appelle von Politikern, Wohlfahrtsverbänden, islamischen Organisationen und Migrantengruppen führten dazu, dass der »Gesinnungstest« sowohl »um der Rechtstaatlichkeit willen als auch aus Achtung vor dem menschenrechtlichen Diskriminierungsverbot« zurückgezogen wurde. Baden-Württemberg hält daran fest. Innenminister Rech zog nach sechs Monaten erste Bilanz und bezeichnete den Leitfaden als »praxistauglich«.

Unabhängig von der Rechtstaatlichkeit ist es fraglich, ob mit Hilfe eines Gesprächsleitfadens ermittelt werden kann, wie es ein Bewerber mit der Verfassungstreue hält. Wer sich die deutsche Staatsbürgerschaft »erschleichen« will, wird sich gewiss bestens auf die Prüfung vorbereiten. »Sie haben von den Anschlägen am 11. September 2001 in New York und am 11. März 2004 in Madrid gehört. Waren die Täter in Ihren Augen Terroristen oder Freiheitskämpfer?« Es ist unwahrscheinlich, dass potentielle Terroristen eine ehrliche Antwort auf diese Frage geben würden.

Einbürgerung als Ausnahme

Einbürgerungen wurden bis Ende 1999 über das Reichs- und Staatsangehörigkeitsgesetz geregelt. Dabei orientierten sich die Behörden ab 1977 an einer umfangreichen Richtlinie. Erweitert wurde die Einbürgerungspraxis ab 1991 durch das Ausländergesetz, nochmals verändert wurde sie 1993 mit dem Inkrafttreten des »Gesetzes zur Änderung asylverfahrens-, ausländer- und staatsangehörigkeitsrechtlicher Vorschriften«. Das Einbürgerungsrecht setzte unter anderem voraus, dass ein Antragsteller einen festen Wohnsitz, unbescholtenen Lebenswandel und ein gesichertes Einkommen nachweisen und mindestens zehn Jahre in der Bundesrepublik gelebt haben musste. Wenn diese Bedingungen erfüllt waren, lag die Einbürgerung im Ermessen der Behörde. Die deutsche Staatsangehörigkeit wurde nur dann verliehen, wenn ein öffentliches – also staatliches oder gesellschaftliches – Interesse bestand. Einbürgerungen wurden als Ausnahme erachtet. In den Einbürgerungsrichtlinien war formuliert, dass es die Bundesrepublik nicht anstrebe, »die Anzahl der deutschen Staatsangehörigen gezielt durch Einbürgerungen zu vermehren«. Die Gebühr betrug bis zu drei Bruttogehältern, maximal lag der Betrag bei 5.000 Mark.

Mit dem Ausländergesetz von 1991 wurde die »Regeleinbürgerung« eingeführt, die faktisch einem Anspruch gleich kam. Denn die Formulierung »ist in der Regel einzubürgern« im Paragraph 85 und 86 bedeutete, dass die Einbürgerung nicht mehr im Ermessen der Behörde lag, sondern Anträge ohne triftige Gründe nicht abgelehnt werden durften. Die »Regeleinbürgerung« galt für 16- bis 23-Jährige, die mindestens acht Jahre hier lebten und hier mindestens sechs Jahre die Schule besucht hatten, und für Erwachsene, wenn sie sich mehr als 15 Jahre mit legalem Status in Deutschland aufhielten. Der Rechtsanspruch auf Einbürgerung wurde 1993 festgeschrieben. Während für die Ermessenseinbürgerung eine Gebühr von 500 Mark zu entrichten war, betrug die Summe bei Anspruchseinbürgerung 100 Mark. Die Bestimmungen für die erleichterte Einbürgerung gehen auf eine Entscheidung des Bundesverfassungsgerichts zurück. Im Zusammenhang mit dem 1990 gefällten Urteil über die Verfassungswidrigkeit des kommunalen Wahlrechts für Ausländer hatten die Richter den Gesetzgeber darauf hingewiesen, Ausländern die politische Teilhabe über »staatsangehörigkeitsrechtliche Regelungen« zu erleichtern.

Immer wieder Debatte um Doppelpass

Ging es Ende 1980er Jahre in der ausländerpolitischen Debatte darum, ob Ausländer an den Kommunalwahlen teilnehmen sollten oder nicht, verschob sich die Diskussion nach dem Ausländergesetz von 1991. Es begann der Streit um die Frage, ob Ausländer bei der Einbürgerung ihre bisherige Staatsangehörigkeit aufgeben sollten oder nicht.

Unter dem Motto »Eine Million Stimmen für die doppelte Staatsbürgerschaft« startete eine Gruppe von Intellektuellen 1993 eine Kampagne, der sich schnell viele Menschen anschlossen. Innerhalb von acht Monaten kam eine Million Unterschriften zusammen. Dieses »inoffizielle Referendum« brachte Bewegung in die politische Diskussion. Die damalige Ausländerbeauftragte der Bundesregierung, Cornelia Schmalz-Jacobsen (FDP), legte einen Entwurf für die Reform des Staatsangehörigkeitsrechts vor. Geplant war, dass hier geborene Kinder von Eltern, die unbefristetes Aufenthaltsrecht haben, die deutsche Staatsangehörigkeit bekommen und auch die doppelte Staatsangehörigkeit hingenommen wird. Weder diesem noch den in den darauffolgenden Jahren eingebrachten Entwürfen zur Änderung des Staatsangehörigkeitsgesetzes war Erfolg beschieden. Weiterhin herrscht Uneinigkeit beim Thema Mehrstaatigkeit. Deutsche Politiker haben darüber übrigens schon vor der Verabschiedung des Reichs- und Staatsangehörigkeitsrechts von 1913 diskutiert. Während darauf gedrängt wurde und wird, dass Zuwanderer bei der Einbürgerung die Staatsangehörigkeit ihres Herkunftslandes aufgeben, sind gleichzeitig in den 1990er Jahren »mehrere hunderttausend Personen aus Polen und Nachfolgestaaten der Sowjetunion unter Hinnahme von Mehrstaatigkeit eingebürgert worden. Durchweg handelt es sich um Personen, die als ›deutschstämmig‹ gelten«.

Das Argument, zwei oder mehr Pässe führten zur Illoyalität, erweist sich in der Praxis als nicht schlüssig. So ist auch auf der Internetseite des Bundesinnenministeriums unter dem Stichwort »Doppelte Staatsbürgerschaft – Mehrstaatigkeit« zu lesen, dass durch die Mehrstaatigkeit »keine besonderen Probleme« entstehen. Verneint wird auch die Frage, ob Mehrstaater in der Bundesrepublik mehr Rechte hätten. »In Deutschland hat jemand, der neben der deutschen noch eine oder mehrere ausländische Staatsangehörigkeiten besitzt (sog. Mehrstaater) nicht mehr und nicht weniger Rechte als alle anderen deutschen Staatsangehörigen. Kein deutscher Mehrstaater kann unter Berufung auf die andere Staatsangehörigkeit in Deutschland zusätzliche Rechte geltend machen oder sich seinen Pflichten, zum Beispiel der Wehrpflicht, entziehen.«

Im Gegenteil, Mehrstaatigkeit ist eher mit Nachteilen verbunden. So können sich Mehrstaater »bei einem Aufenthalt in dem Land, dessen Staatsangehörigkeit sie außerdem besitzen, nicht auf den sonst üblichen konsularischen Schutz der Bundesrepublik Deutschland berufen. Sie werden nach dem Verständnis des anderen Staates vorrangig als dessen Staatsangehörige betrachtet und behandelt«.

Doppelpass und Türken

Für Schlagzeilen sorgte in jüngster Vergangenheit auch der von Türken »erschlichene« Doppelpass. Es war gängige und deutschen Behörden nicht unbekannte Praxis unter eingebürgerten Türken, über »Umwege« und ohne Risiko wieder die türkische Staatsangehörigkeit zu erhalten. Das änderte sich jedoch mit der Reform von 2000. Seitdem verliert nach Paragraph 25 auch ein im Inland lebender Deutscher seine Staatsangehörigkeit, wenn er eine weitere Staatsangehörigkeit erwirbt, sofern er keine Beibehaltungserlaubnis für die deutsche Staatsbürgerschaft eingeholt hat. Diese Regelung galt zuvor lediglich für Deutsche, die im Ausland lebten. Nicht zuletzt war es die Wiedereinbürgerungspraxis türkischer Behörden, die dazu geführt hat, dass bei der Reform des Staatsangehörigkeitsrechts ein entscheidender Passus aus dem Paragraph 25 gestrichen wurde.

Aufsehen erregte das Thema »erschlichene Doppelpässe« nach einem Medienbericht: Im Herbst 2004 hatte ein Staatssekretär des türkischen Außenministeriums in einem Interview erklärt, dass etwa 50.000 eingebürgerte Türken auch nach der Änderung des deutschen Staatsbürgerschaftsrechts ihren Herkunftspass zurückbekommen hätten. Daraufhin schrieben – mit Blick auf Landtags- und Bundestagswahlen – einige Bundesländer türkischstämmige Deutsche an. Nordrhein-Westfalen beispielsweise versuchte im Frühjahr 2005 mittels Fragebögen zu ermitteln, ob Angeschriebene nach dem 1. Januar 2000 die türkische Staatsangehörigkeit angenommen hatten. In diesem Fall wären sie keine Deutschen mehr und somit auch nicht mehr wahlberechtigt. Nach eigenem Rechtsempfinden hätten Betroffene die deutsche Staatsangehörigkeit nicht verlieren dürfen, denn den Wiedererwerb des türkischen Passes hatten sie vor der Gesetzesreform beantragt, die Zusage dafür aber erst nach 2000 erhalten. Für den Gesetzgeber hingegen ist die Sachlage eindeutig: Die Wiederaufnahme in den türkischen Staatsverband hätte abgelehnt werden müssen. Im Dezember 2006 hat das Bundesverfassungsgericht entschieden, dass der Entzug der deutschen Staatsbürgerschaft rechtens ist. Betroffene sind wieder in den Status des Ausländers zurückgefallen und dürfen sich hier nur mit einem Aufenthaltstitel aufhalten. Die von Migrantenorganisationen geforderte »rechtliche Milde« lehnte das Bundesinnenministerium ab, wie auch eine rückwirkende Genehmigung des Antrags auf Beibehaltung der deutschen Staatsangehörigkeit. Das wäre vielen Verwaltungsbeamten recht gewesen, denn die Überprüfung des Sachverhalts ist umständlich, kostet viel Zeit und Arbeitskraft.

Doppelpass und Unterschriftenkampagne

Sozialdemokraten und Grüne hatten sich nach der Bundestagswahl im Frühjahr 1998 darauf geeinigt, das Staatsbürgerschaftsrecht zu reformieren. Die SPD sprach sich für die doppelte Staatsbürgerschaft von ausländischen Kindern der dritten Generation aus, die Grünen hingegen schon für die zweite Generation. Einig wurden sich die Koalitionspartner schließlich darin, dass hier geborene Kinder von ausländischen Eltern die deutsche Staatsangehörigkeit erhalten – wie auch Kinder, von denen zumindest ein Elternteil nicht älter als 14 Jahre alt war, als es nach Deutschland kam. Die doppelte Staatsangehörigkeit sollte in diesen Fällen unbefristet sein. Damit wollte die rot-grüne Koalition den geltenden Grundsatz aufheben, dass Deutscher nur sein könne, wer Kind deutscher Eltern ist. Zudem sollte die Pflicht zur Aufgabe der Staatsangehörigkeit des Herkunftslandes aufgehoben werden. Bundesinnenminister Otto Schily (SPD) musste die geplante Reform im November 1998 gegen massive Angriffe von CDU und CSU verteidigen.

Schon bald mobilisierten die Unionsparteien die Bevölkerung gegen den Gesetzentwurf. Trotz Protesten von Kirchen, Gewerkschaften, Wirtschaftsorganisationen und anderen Institutionen startete die CDU am 16. Januar 1999, drei Wochen vor der hessischen Landtagswahl, eine Unterschriftenkampagne gegen den »Doppelpass«. Mit diesem Begriff wurde der Bevölkerung suggeriert, dass eingebürgerte Ausländer, die ihren Herkunftspass behalten, am Ende mehr haben als die »echten« Deutschen. Dieses Argument gegen die Mehrstaatigkeit führte im Übrigen der derzeitige Innenminister und damalige Fraktionsvorsitzende von CDU/CSU, Wolfgang Schäuble, in der Parlamentsdebatte zur Reform des Staatsbürgerschaftsrechts an: »Wenn Sie die ausländischen Mitbürger mit dem Privileg versehen, zwei Staatsangehörigkeiten haben zu können, während die deutschen nur eine haben, wenn sie die Staatsbürgerschaft nicht mehr als Abschluss eines Integrationsprozesses verstehen, dann geht das am Kern des Problems vorbei, Herr Bundeskanzler. Es ist die freie Entscheidung der Menschen, ob sie die deutsche Staatsangehörigkeit erwerben wollen, ob sie Deutsche sein wollen oder nicht. Wir zwingen niemanden, Deutscher zu werden. Aber wer Deutscher werden will, muss die Entscheidung dazu treffen. Deswegen ist die ausnahmslose Hinnahme einer doppelten Staatsangehörigkeit im Ergebnis nicht ein Programm zur Förderung von Integration, sondern zur Förderung von Ausländerfeindlichkeit. Deswegen werden wir sie bekämpfen.«

Zwei Monate nach der Parlamentsdebatte startete die Union mit einer Unterschriftenaktion ihren »Kampf« gegen den »Doppelpass«. Dass es schon damals Sonderregelungen für Staatsangehörige bestimmter Länder gab und etliche Menschen mit einem »Doppelpass« lebten, ohne dass sie sich als eine Gefahr für die Bundesrepublik entpuppten, wurde nicht thematisiert. Innerhalb kurzer Zeit sammelte die Union mehr als 200.000 Unterschriften. Für Roland Koch erwies sich die Anti-Doppelpass-Kampagne als richtiger Schachzug. Die hessische CDU konnte bei der Landtagswahl viele Stimmen für sich gewinnen und in Koalition mit der FDP die Regierung stellen. Damit kippten die Machtverhältnisse im Bundesrat – mit der Folge, dass der Entwurf für die Reform des Staatsangehörigkeitsrechts verworfen werden musste. Die Vorlage hätte keine Chance gehabt, den Bundesrat zu passieren.

Über den Rechtsstatus hier geborener Kinder von ausländischen Eltern ist übrigens bereits viele Jahrzehnte zuvor diskutiert worden, nämlich vor der Verabschiedung des Reichs- und Staatsangehörigkeitsgesetzes. Der SPD-Abgeordnete Karl Liebknecht nahm in einer der drei Parlamentsdebatten zum Gesetzentwurf Stellung und erklärte: »Es wird nötig sein, dass wir insbesondere denen, die in Deutschland geboren und aufgewachsen sind, auch wenn sie Kinder von Ausländern sind, ohne weiteres das Recht geben, deutsche Reichsangehörige zu werden.« Liebknecht hatte zudem dafür plädiert, die Staatsbürgerschaft so zu gestalten, dass in Deutschland lebenden Ausländern ein Einbürgerungsanspruch erwächst.

Kompromiss statt »doppelte Staatsangehörigkeit«
Die Verhandlungen für die Reform des Staatsangehörigkeitsgesetzes waren langwierig, das Ergebnis nur ein Kompromiss. Am 7. Mai 1999 stimmte schließlich der Bundestag für das Gesetz, das zwei Wochen später vom Bundesrat verabschiedet wurde. Das Gesetz wurde je nach politischer Couleur als ein »wichtiger Schritt mit historischer Dimension«, als »modern, republikanisch und europäisch« oder als »unausgereiftes und als ein in sich widersprüchliches Flickwerk« bewertet. Auch wenn die Reform nicht den Erwartungen vieler Zuwanderer entsprach, so beinhaltet sie doch eine entscheidende Veränderung: Die ethnische Abstammungsgemeinschaft als Staatsvolk ist endgültig Vergangenheit. Das *Jus Soli* verhindert die Geburt von Ausländern« im Inland und trägt langfristig zur Veränderung der Wahrnehmung dessen bei, was Deutsch ist.

Zwei Modelle von Staatsbürgerschaft und ihre Entwicklung
Während das *Jus Sanguinis* die Staatsbürgerschaft nach der Abstammung definiert, ist nach dem das Prinzip des *Jus Soli* der Geburtsort für die Staatsangehörigkeit ausschlaggebend.

Der Migratiosexperte Patrick Weil stellt in seiner Untersuchung über den »Zugang zu Staatsbürgerschaft« fest, dass »Divergenzen zwischen den Staatsangehörigkeitsgesetzen verschiedener Länder zuweilen als Folge verschiedener Nationskonzeptionen dargestellt (wurden)«. Nach einem Vergleich von 25 Staatsangehörigkeitsgesetzen kommt er zu dem Ergebnis, dass diese Erklärung nicht zutrifft: »Die am häufigsten vorgenommene Einteilung behauptet eine Divergenz zwischen Rechtssystemen, die sich vorwiegend auf das Prinzip des *Jus Soli* gründen, und denen, die auf dem *Jus Sanguinis* basieren.« Mit dem erstgenannten Prinzip assoziierte Verfahrensweisen würden als integrativer und weniger zuschreibend angesehen als Verfahrensweisen, die auf dem zweiten Prinzip beruhten. »Dieses stützt sich auf Blutsverwandschaft als fundamentales Kritierium für den Erwerb der Staatsangehörigkeit. Diese Abhängigkeit hat viele akademische und nichtakademische Beobachter dazu verleitet, ein vom *Jus Sanguinis* geprägtes Rechtssystem auf den ethnischen Charakter der Nationskonzeption ihrer Gestalter und damit auf einen allgemeinen Ausdruck des nationalen Selbstverständnisses eines Staates zurückzuführen«, so Weil. Solche generischen Erklärungen erwiesen sich jedoch als »höchst problematisch«, sobald der historische Hintergrund berücksichtigt werde.

In der ersten Hälfte des 19. Jahrhunderts richtete sich die Staatsangehörigkeit mehr nach dem Wohnort als nach der Abstammung. In den Staaten des Deutschen Bundes entwickelten sich unterschiedliche Staatsangehörigkeitsregelungen. Im Großherzogtum Baden beispielsweise konnte sie durch die Geburt im Land, aber auch nach zehnjährigem »ehrlichen Aufenthalt« erworben werden. Ähnliches Prinzip galt auch im Königreich Bayern. Vorbild für das Abstammungsprinzip wurde erst das preußische Untertanengesetz von 1842, das den »Erwerb und den Verlust der Eigenschaft als preußischer Untertan« regelte. Die »preußische Staatsangehörigkeit« wurde erworben durch Abstammung, durch Heirat (Frauen) und durch Verleihung.

Im Kaiserreich trat das zuvor im Norddeutschen Bund geltende »Gesetz über den Erwerb und den Verlust der Bundes- und Staatsangehörigkeit« in Kraft. Zur föderalen Reichsverfassung gehörte die Reichsangehörigkeit. Bis zur Reichsgründung hatten sich die Staaten im Deutschen Bund als Ausland betrachtet. Nach 1871 waren Angehörige eines Bundesstaates in einem anderen Bundesstaat nicht mehr Ausländer und bekamen nach ihrer Niederlassung alle Rechte als Staatsbürger. Das Staatsangehörigkeitsgesetz beruhte also nicht ausschließlich auf »Blut- und Abstammungsprinzipien«. Eingebürgert wurden zudem Ausländer mit unbescholtenem Lebenswandel, Wohnsitz und gesicherten Einkommen. »Weder im Recht noch in der Praxis des deutschen Reiches ist zunächst eine Ethnisierung von Zugehörigkeit zu erkennen – Abstammung bezeichnet nach wie vor die Vaterschaft, nicht aber die Zurechnung zu eine Ethnie oder ›Rasse‹«, betont Georg Hansen in seiner »Die Ethnisierung des deutschen Staatsbürgerschaftsrechts und seine Tauglichkeit in der EU« betitelten Anaylse.

In den Jahrzehnten bis zum Reichs- und Staatsangehörigkeitsgesetz von 1913 änderte sich die Einbürgerungspraxis, sämtliche noch bestehende *Jus-Soli*-Elemente wurden fallen gelassen und »das *Jus-Sanguinis*-Prinzip in seiner Reinform verwirklicht«. Diese Entwicklung wird in der Forschung unterschiedlich interpretiert. Das Gesetz »stand noch ganz unter dem Eindruck deutscher Massenauswanderung und versuchte durch die Betonung der Abstammungsgemeinschaft den Auswanderern eine Teilbindung an ihren Herkunftsstaat zu ermöglichen«, so eine Deutung. Eine weitere Auslegung ist, mit dem Gesetz »ethnisch-kulturelle Homogenität der Nation zu sichern«, die »Reinheit des deutschen Blutes zu bewahren« und das Prinzip »einmal Deutsch, immer Deutsch« aufrechtzuerhalten. Diese ethnische Dimension lässt sich der Äußerung des damaligen Staatssekretärs des Inneren, Clemens von Delbrück, aus einer Parlamentsdebatte zum Gesetzeswerk entnehmen: »... dass die Eigenschaft als Deutsche, die wir durch die Geburt gewonnen haben, wo immer auch unsere Wiege gestanden hat, niemals verloren gehen kann«.

Nach 1913 wird eine ethnisierende Einbürgerungspraxis festgestellt, die im Nationalsozialismus ihren Höhepunkt erreichte. Bereits im Parteiprogramm der NSDAP war formuliert, dass Staatsbürger »nur sein kann, wer Volksgenosse ist. Volksgenosse kann nur sein, wer deutschen Blutes ist, ohne Rücksichtnahme auf die Konfession. Kein Jude kann daher Volksgenosse sein«. Mit dem »Gesetz über das Reichsbürgergesetz« von 1935 wurde die Unterscheidung zwischen Reichsbürger und Staatsangehörigen eingeführt. Zwar wurde die Staatsangehörigkeit nach den Bestimmungen von 1913 verliehen, sie verlor jedoch »fast jegliche Bedeutung, da mit der Staatsangehörigkeit keine Rechte mehr verbunden waren«. Reichsbürger konnte nur »der Staatsbürger deutschen oder artverwandten Blutes« sein. Damit wurden deutsche Staatsbürger, die Juden waren, von der Reichsbürgerschaft ausgeschlossen. Willkürliche Ausbürgerungen waren durch das zwei Jahre zuvor beschlossene »Gesetz über den Widerruf von Einbürgerungen und die Aberkennung der deutschen Staatsangehörigkeit« möglich.

Konsequenzen aus der nationalsozialistischen Zeit sind nach der Gründung der Bundesrepublik im Grundgesetz gezogen worden. Die willkürlichen Ausbürgerungen der NS-Zeit wurden durch Artikel 116 Absatz 2 rückgängig gemacht. Und in Artikel 16 Absatz 1 ist formuliert, dass »die deutsche Staatsangehörigkeit nicht entzogen werden (darf). Der Verlust der Staatsangehörigkeit darf nur auf Grund eines Gesetzes und gegen den Willen des Betroffenen nur dann eintreten, wenn der Betroffene dadurch nicht staatenlos wird«.

Die Definition von Staatsbürgerschaft nach der Gründung der Bundesrepublik wird unterschiedlich interpretiert. Festgestellt wird einerseits, »dass die Tradition der engen Verbindung von ›Volkszugehörigkeit‹ und Staatsbürgerschaft fortgeführt« worden sei. Andererseits können die »Kontinuität im Staatsangehörigkeits-recht«, also das Festhalten am Abstammungsprinzip, nicht auf ein »unverändertes völkisch-rassisches Denken« zurückgeführt werden, lautet eine andere Deutung. Es wird darauf hingewiesen, dass während der deutschen Teilung am bestehenden Staatsangehörigkeitsrecht« zur Sicherung des Anspruchs auf Vereinigung festge-halten wurde. Als »Klammer zwischen den beiden deutschen Staaten« bezeichne-te 1988 Wolfgang Schäuble (CDU) als damaliger Bundesinnenminister das Ge-setzeswerk.

»Wir sind ein Staat, der sich rühmt, mehr als jede andere Nation auf ein euro-päisches Zusammenwachsen zu drängen. Zugleich haben wir, und das heißt fast nur wir, ein Staatsbürgerschaftsrecht, das aus der unseligen Blütezeit des zum Nati-onalsozialismus pervertierten Nationalstaatsdenkens stammt«, bemängelte hinge-gen der ehemalige Bundespräsident Richard von Weizsäcker 1995. Weizsäcker be-klagte, dass sich im Bundestag »jene Dogmatiker durchsetzen, die das alte Denken des Jahres 1913 behandeln, als stamme es unmittelbar vom Berg Sinai«. Seitens der Bundesregierungen waren Forderungen, das Reichs- und Staatsangehörigkeits-recht von 1913 zu reformieren, immer wieder abgeschmettert worden.

Es ist bemerkenswert, dass ein Gesetzeswerk aus der Wilhelminischen Ära, wenn auch mehrmals modifiziert, in seinen Grundzügen bis 2000 erhalten blieb. Die rot-grüne Koalition legte mit der Einführung des (eingeschränkten) *Jus-Soli*-Prinzips die Weichen für die Einheit von Bevölkerung und Staatsvolk.

Ein Blick zu den Nachbarn

In der Diskussion um die Verschärfung der Einbürgerungsvoraussetzungen wird – je nachdem, ob das deutsche Gesetzeswerk für gut oder für schlecht befunden wird – auf andere EU-Länder verwiesen. Befürworter der Reform weisen darauf hin, dass der Einbürgerungstest »keine deutsche Erfindung sei« und sich in anderen Ländern bewährt habe. Die Bestimmungen in der EU sind unterschiedlich. »Es gibt keinen gesamteuropäischen Trend der liberalen Konvergenz«, stellt Rainer Bauböck, Politikwissenschaftler am Institut für Europäische Integrationsforschung in Wien, fest. Neben der Liberalisierung in einigen Staaten wie etwa Belgien, Schweden, Finnland und Deutschland (Einführung des *Jus Soli*) gebe es auch neue Restriktionen in Staaten mit relativ »alter« Einwanderung wie den Niederlanden, Dänemark, Großbritannien und Österreich. Die Reformen der Staatsbürgerschaft hängen »in die eine oder andere Richtung von politischen Konjunkturen und der Regierungsbeteiligung von Parteien ab, die sich entweder Stimmenzuwächse unter Einwanderern oder unter einwanderungsskeptischen einheimischen WählerInnen erwarten«, so Bauböck. Ein »schwächerer liberaler Trend« sei bei der Ergänzung des Abstammungs- durch das Territorialprinzip zu beobachten.

Über das so genannte doppelte *Jus Soli* erhält die dritte Generation (im Inland geborene Kinder ausländischer Staatsbürger, die selbst bereits im Inland geboren wurden) in Belgien, Frankreich, den Niederlanden, Portugal und Spanien bei Geburt die Staatsbürgerschaft. Die Staatsbürgerschaft bei Geburt erhalten – wie in Deutschland – Kinder der zweiten Generation auch in Belgien, Irland, Großbritannien und Portugal; das *Jus Soli* hängt aber von Aufenthaltsdauer oder Aufenthaltsstatus eines Elternteils ab. In Belgien, Finnland, Frankreich, Großbritannien, Italien und den Niederlanden ermöglicht das Gesetz im Inland Geborenen, die Staatsbürgerschaft auch später per einfacher Erklärung oder automatisch mit der Volljährigkeit zu bekommen.

Modalitäten in den Nachbarländern

In einer nicht systematisch angelegten Darstellung werden im Folgenden die Einbürgerungsmodalitäten der Schweiz und der Niederlande, in Großbritannien, Dänemark, Österreich sowie Frankreich skizziert.

Einbürgerungsfeiern sind in klassischen Einwanderungsländern wie den USA,

Kanada und Australien Bestandteil des Verfahrens zum Erwerb der Staatsangehörigkeit. Seit etwa drei Jahren gibt es sie auch in *Großbritannien*. Eingebürgerten wird die Staatsbürgerschaft in einer Feierstunde verliehen, die neuen Mitglieder müssen einen Eid auf ihr neues Land ablegen. Wer britischer Staatsbürger werden will, muss mindestens seit einem Jahr eine unbegrenzte Aufenthaltserlaubnis haben; diese wird frühestens nach vier Jahren legalem Aufenthalt erteilt. (Ehe-)Partner von britischen Staatsbürgern können nach dreijährigem Aufenthalt einen Antrag stellen. Eine weitere Voraussetzung ist »a good character«. In Großbritannien geborene Kinder bekommen die Staatsbürgerschaft, wenn mindestens ein Elternteil mit einem unbefristeten Aufenthaltstitel im Land lebt. Nach dem Optionsmodell können in Großbritannien Geborene die Staatsbürgerschaft erhalten, wenn sie sich in den ersten zehn Jahren nach ihrer Geburt ununterbrochen im Land aufgehalten haben.

Großbritannien besteht nicht darauf, dass Eingebürgerte ihre Herkunftsnationalität aufgeben. Antragsteller müssen aber nachweisen, dass sie die englische Sprache »auf einem gewissen Niveau« sprechen und Grundkenntnisse über das Land haben. Abgefragt wird dieses Wissen mit einem computerbasierten Test, der 24 Fragen zu Gesellschaft, Politik und Religion enthält. Die Prüfung ist in einem Testbüro innerhalb von 45 Minuten zu absolvieren.

Ein Gesetz für Einbürgerungs- und Sprachtest hat auch *Dänemark* verabschiedet. Im März dieses Jahres stellte das Integrationsministerium die Fragen vor, die Bewerber um die dänische Staatsbürgerschaft beantworten sollen. Der Katalog umfasst 300 Fragen zu Geschichte, Politik und Kultur, aus dem ein Test mit 45 Fragen zusammengestellt werden soll. Mindestens 28 müssen richtig beantwortet werden. Antragsteller müssen Sprachkenntnisse nachweisen und mindestens neun Jahre in Dänemark gelebt haben; diese Frist reduziert sich für Ehepartner von Dänen je nach Bestand der Ehe um ein bis drei Jahre. Für den neu eingeführten Test, der als Mittel zur Senkung der Einbürgerungszahlen gilt, wird eine Gebühr von etwa 80 Euro erhoben.

Einen Einbürgerungstest gibt es in der *Schweiz* zwar nicht, das Einbürgerungsverfahren im Alpenland ist aber eines der strengsten. Das Schweizer Bürgerrecht ist dreistufig: Ein Ausländer kann erst dann Schweizer werden, wenn er nach der eidgenössischen Einbürgerungsbewilligung das Bürgerrecht der Gemeinde und des Kantons erhalten hat. Ein rechtlich geschützter Anspruch auf die Einbürgerung in der Gemeinde und im Kanton besteht im Regelfall nicht. In einigen Gemeinden müssen sich Ausländer, die eingebürgert werden wollen, einer Abstimmung in der Gemeindeversammlung, im Gemeindeparlament oder einem Urnenentscheid stellen. Im Juli 2003 urteilte das Schweizer Bundesgericht, dass anonyme Entscheidungen über Einbürgerungen verfassungswidrig sind und Ablehnungen begründet werden müssen.

Im Städtchen Rheineck an der österreichischen Grenze verweigerte die Bürgerversammlung im März dieses Jahres die Einbürgerung von Personen aus dem ehemaligen Jugoslawien. Als offizieller Grund wurde genannt, dass die Antragsteller nicht integriert seien. Bei den Bewerbern handelte es sich um Muslime, und Stimmberechtigte machten kein Geheimnis daraus, warum sie die Gesuche abgelehnt hatten.

Im Herbst 2004 scheiterte – wie auch schon zehn Jahre zuvor – eine Volksabstimmung über die erleichterte Einbürgerung von Ausländern der zweiten und dritten Generation. Wer Schweizer Bürger wird, kann aber seine bisherige Staatsangehörigkeit behalten. Voraussetzungen für die ordentliche und erleichterte Einbürgerung sind »Eingliederung in die schweizerischen Verhältnisse, Vertrautsein mit den schweizerischen Lebensgewohnheiten, Sitten und Gebräuchen, Beachten der schweizerischen Rechtsordnung, keine Gefährdung der inneren oder äußeren Sicherheit der Schweiz«. Für die ordentliche Einbürgerung muss der Antragsteller mindestens zwölf Jahre in dem Land leben, die zwischen dem 10. und 20. Lebensjahr in der Schweiz verbrachten Jahre werden doppelt gerechnet. Der Bund prüft, ob es Sicherheitsbedenken gegen die Einbürgerung gibt. Im zweiten Schritt überprüfen Kantone und Gemeinden weitere Voraussetzungen. Bei der erleichterten Einbürgerung ist allein der Bund zuständig. Der Kanton wird vorher angehört und hat – wie auch die Gemeinde – ein Beschwerderecht.

In *Österreich* gibt es – wie in Deutschland – neben der Ermessenseinbürgerung auch einen Rechtsanspruch auf die Staatsbürgerschaft, aber erst nach 30 Jahren Aufenthalt im Land. Diese Frist reduziert sich um die Hälfte, wenn die persönliche und berufliche Integration nachgewiesen werden. Einen Rechtsanspruch haben Ehepartner, wenn diese sich seit mindestens sechs Jahren rechtmäßig und ununterbrochen in Österreich aufhalten, die Ehe mit dem österreichischen Staatsbürger seit mindestens fünf Jahren besteht und die Eheleute im gemeinsamen Haushalt leben; einen Rechtsanspruch formuliert das Gesetz auch für Kinder, die in Österreich geboren sind und deren Eltern Ausländer sind.

Die Entscheidung der Behörde über Ermessenseinbürgerungen hängt »vom Gesamtverhalten des Antragstellers im Hinblick auf das allgemeine Wohl, die öffentlichen Interessen und das Ausmaß der Integration ab«. Bewerber müssen seit März 2006 unter anderem folgende Voraussetzungen erfüllen: keine gerichtlichen Verurteilungen und kein anhängiges Strafverfahren weder im In- noch im Ausland, hinreichend gesicherter Lebensunterhalt (Nachweis von festen und regelmäßigen Einkünften bis mindestens drei Jahre vor dem Zeitpunkt der Antragseinreichung). Das Einkommen muss sicherstellen, dass die Lebensführung ohne Sozialhilfe möglich ist. Deutschkenntnisse (werden gegebenenfalls schriftlich überprüft), Grundkenntnisse der demokratischen Ordnung, Geschichte Österreichs und des jeweiligen Bundeslandes; bejahende Einstellung zur Republik Österreich. Wer österreichischer Staatsbürger werden will, muss grundsätzlich mit dem Verlust der bisherigen Staatsangehörigkeit einverstanden sein.

Seit der Reform sind bessere Sprachkenntnisse erforderlich. Wenn die Deutschkenntnisse nicht durch einen Schulabschluss nachgewiesen werden können, muss eine Prüfung absolviert werden. Ausgenommen von dieser Regelung sind chronisch Kranke und ältere Menschen sowie Personen, die mit Zustimmung der Bundesregierung eingebürgert werden. Die neuen Regelungen haben sich bereits statistisch bemerkbar gemacht: Die Zahl der Einbürgerungen sank in 2006 um 26 Prozent.

Im Zusammenhang mit einem offenen Nationenkonzept, das auf der Integration von Einwanderern basiert, wird häufig *Frankreich* genannt. Dies hängt vor allem mit dem *Jus-Soli*-Konzept zusammen, das Mitte des 19. Jahrhunderts eingeführt wurde. Das Staatsangehörigkeitsrecht ist mehrmals modifiziert worden und sieht seit 1989 den Erwerb der Staatsbürgerschaft von Kindern der dritten Einwanderergeneration vor. In Frankreich zur Welt gekommene Kinder ausländischer Eltern erhalten mit vollendetem 18. Lebensjahr automatisch die französische Staatsangehörigkeit; diese kann innerhalb von sechs Monaten vor und ein Jahr nach der Volljährigkeit abgelehnt werden.

Einbürgern lassen können sich Ausländer, wenn sie mindestens seit fünf Jahren im Land leben, unbescholten sind, über »ausreichende Sprachkenntnisse« verfügen und nicht von Sozialleistungen leben. Ehegatten können bereits nach vier Jahren eingebürgert werden, wenn die Ehe seit mindestens vier Jahren im Inland oder seit fünf Jahren im Ausland besteht. Ausnahmen gelten auch für Antragsteller aus der französischen Kultur- und Sprachgemeinschaft. Für sie besteht die Option auf eine Einbürgerung nach zwei Jahren rechtmäßigem Aufenthalt im Land. Eine formale Prüfung gibt es in Frankreich nicht, aber Sprachkenntnisse und »die Anpassung an in Frankreich übliche Sitten und Gebräuche« sind in einem persönlichen Gespräch mit den zuständigen Beamten nachzuweisen. Wer französischer Staatsbürger wird, muss seine bisherige Staatsangehörigkeit nicht aufgeben.

In den *Niederlanden* hingegen müssen Eingebürgerte in der Regel auf ihre Herkunftsnationalität verzichten. Bewerber müssen mindestens fünf Jahre im Land gelebt haben. Für Ehepartner reduziert sich diese Frist. Wer die Staatsangehörigkeit erwerben möchte, muss neben einer Sprachprüfung auch einen Test absolvieren, der Fragen zu Werten und Normen in den Niederlanden enthält. Seit 2006 gibt es auch in den Niederlanden Einbürgerungsfeiern, die Teilnahme ist nicht Pflicht.

Literatur

Allgemeine Verwaltungsvorschrift zum Staatsangehörigkeitsrecht vom 13. Dezember 2000.

Beauftragte der Bundesregierung für Migration, Flüchtlinge und Integration (Hrsg.): Daten, Fakten, Trends: Einbürgerung, Stand 2004, Berlin, Mai 2005.

Bielefeldt, Heiner: Einbürgerungspolitik in Deutschland. Zur Diskussion über Leitkultur und Staatsbürgerschaftstests. Essay, Berlin 2006.

Budzinksi, Manfred: Die multikulturelle Realität. Mehrheitsgesellschaft und Minderheitenrecht. Göttingen 1999.

Bundesinnenministerium (Hrsg.): Bericht zur Evaluierung des Gesetzes zur Steuerung und Begrenzung der Zuwanderung und zur Regelung des Aufenthalts und der Integration von Unionsbürgern und Ausländern (Zuwanderungsgesetz). Juli 2006.

Cohn-Bendit, Daniel und Schmid, Thomas: Heimat Babylon, Das Wagnis der multikulturellen Gesellschaft. Hamburg 1992.

Conrad, Christoph und Kocka, Jürgen: Staatsbürgerschaft in Europa. Hamburg 2001.

Diehl, Claudia: Wer wird Deutsche(r) und warum? Bestimmungsfaktoren der Einbürgerung türkisch- und italienischstämmiger junger Erwachsener. In: Zeitschrift für Bevölkerungswissenschaft, Jahrgang 27, 2002.

Engelmann, Bernt: Du Deutsch?, Geschichte der Ausländer in Deutschland. Göttingen 1992.

Edathy, Sebastian: »Wo immer auch unsere Wiege gestanden hat«, Parlamentarische Debatten über die deutsche Staatsangehörigkeit von 1870 bis 1999. Frankfurt 2000.

Farsaie, Fahime: Eines Dienstags beschloss meine Mutter Deutsche zu werden (Roman). Königstein/ Taunus 2006.

Heckmann, Friedrich: Die symbolische Seite der Einbürgerung. Einbürgerungsfeiern. Vortrag, unveröffentlichtes Manuskript 2003.

Hansen, Georg: Die Ethnisierung des deutschen Staatsbürgerrechts und seine Tauglichkeit in der EU.

Kley, Stefanie: Migration und Sozialstruktur, EU-Bürger, Drittstaatler und Eingebürgerte in Deutschland. Berlin 2004.

Koeppe, Olaf: MigrantInnen zwischen sozialem Rechtsstaat und nationalem Wettbewerbsstaat. Duisburg 2003.

Mackert, Jürgen: Staatsbürgerschaft, Eine Einführung. Wiesbaden 2006.

Mehrländer, Ursula und Schultze, Günther: Einwanderungsland Deutschland. Neue Wege nachhaltiger Integration. Bonn 2001.

Motte, Jan und Ohlinger, Rainer: Geschichte und Gedächtnis in der Einwanderungsgesellschaft, Migration zwischen historischer Rekonstruktion und Erinnerungspolitik. Essen 2004.

Müller, Dietmer: Staatsbürgerschaft und Minderheitenschutz – »Managing Diversity« im östlichen und westlichen Europa. 2006 publiziert auf www.europa.clio-online.de

Özdemir, Cem: Ich bin Inländer, München 1997.

Özdemir, Cem: Currywurst und Döner, Integration in Deutschland. Bergisch-Gladbach 1999.

Storz, Hennig und Reißlandt, Carolin: Staatsbürgerschaft im Einwanderungsland Deutschland. Opladen 2002.

Trevisiol, Oliver: Die Einbürgerungspraxis im Deutschen Reich 1871-1945. Osnabrück 2006.

Vorläufige Anwendungshinweise des Bundesinnenministeriums zum Staatsangehörigkeitsgesetz, Stand 15. Februar 2005.

Was ist ein Deutscher – Was ist ein Türke?, Edition Körber, Hamburg 1997.

Weil, Patrick: »Zugang zur Staatsbürgerschaft. Ein Vergleich von 25 Staatsangehörigkeiten«, in: Conrad, Christoph und Kocka, Jürgen: Staatsbürgerschaft in Europa, a.a.O.

Weizsäcker, Richard von: Wer ist der Fremde?, Die Zeit. 10. März 1995.

Wiedemann, Marianne: Die Neuregelung des deutschen Staatsangehörigkeitsrechts unter besonderer Berücksichtigung von Rechtsfragen mehrfacher Staatsangehörigkeit. Konstanz 2005.

Wunderlich, Tanja: Die neuen Deutschen. Subjektive Dimensionen des Einbürgerungsprozesses. Stuttgart 2005.

Zuwanderung gestalten – Integration fördern. Bericht der Unabhängigen Kommission »Zuwanderung«, Juli 2001.